A 2010

Style marin

Style marin

Texte
Françoise de Maulde

Photographies
Maisons Côté Ouest

ÉDITIONS DU CHÊNE

Maisons
CÔTÉ OUEST

Quiconque n'a pas vu cette mer du large,
cette mer de montagnes qui vont d'une course rapide et perçante,
séparées par des vallées qui se déplacent de seconde en seconde,
comblées et reformées sans cesse, ne devine pas,
ne soupçonne pas la force mystérieuse, redoutable,
terrifiante et superbe des flots.

Guy de Maupassant

l'autre côté de la mer

Très tôt, l'homme a rêvé d'aller voir ce qui se cachait de l'autre côté de la mer. Il a mis au point toutes sortes d'instruments pour parler aux étoiles, pour ausculter les fonds marins, pour reconnaître les îles, pour prévoir le temps qu'il fait et mesurer celui qui passe. Après avoir construit des barques pour longer les côtes, il a conçu des vaisseaux pour s'aventurer plus loin. Un jour, il a enfin connu tous les continents par leurs noms. Alors, il est parti faire le tour du monde, d'un océan à l'autre, afin d'être certain que la terre était ronde. Avec les paquebots, il a même imaginé de transposer la terre sur l'eau. Il est allé jusqu'à inventer le yachting, autrement dit l'art de naviguer pour le plaisir. Car l'appétit de pouvoir, la volonté de puissance ne justifient pas à eux seuls les efforts entrepris, les risques encourus, les fortunes englouties dans cette

conquête des mers. Si l'homme, un jour, a pris la mer, c'est parce qu'elle exerçait, et exerce toujours sur lui, une force d'attraction irrésistible.
En 1535, le père Antonio de Guevara embarque sur l'une des galères de l'empereur Charles Quint, pour aller à Tunis combattre les Barbaresques. Au retour de cette expédition, il rédige un traité intitulé *L'art de naviguer*, dans lequel il écrit : « La mer est belle à voir mais dangereuse à passer. Elle est folle car elle change à chaque quartier de lune. Elle ne fait pas de différence entre le prince et le manant. Elle est fort malicieuse, car quand elle est calme et bonasse, c'est qu'elle se prépare à quelque tempête. »
Tous ceux qui, une fois dans leur vie, ont observé la mer savent qu'elle est une créature vivante, séductrice par tempérament, imprévisible par nature. Selon son humeur, elle chante, crie ou pleure, fouette ou caresse. Elle a partie liée avec le soleil et la lune, la brume et le vent, pour faire la pluie et le beau temps.
On ne conquiert pas la mer. On se laisse conquérir par elle. Dès lors, on s'attache à tout ce qui l'évoque : le délicat tracé d'une carte marine, la perfection d'un pont en teck, mais aussi un hublot, ou même une vieille cabane de plage aux planches disjointes. On peut collectionner l'argenterie des grands paquebots, des boussoles ou des sextants, des écritoires en coquillages, des blagues à tabac en peau d'albatros. On peut aussi tirer des bords en restant assis chez soi devant la maquette d'un voilier royal, un bateau en bouteille ou une demi-coque polie avec amour et parfaitement vernie.

Style marin n'est autre qu'une petite croisière entre le passé et le présent, entre le large et les côtes, dans le vaste univers maritime.

Cartes et boussoles, sextants et longues-vues, baromètres et horloges,

ces instruments essentiels à la navigation sont devenus,

avec le temps, des objets de décoration recherchés par les amateurs.

à la conquête des océans

150 160 170 180 190 200 210

Page de droite
Autour d'un rare secrétaire de voyage en acajou, avec ses nombreux tiroirs aux poignées de cuivre, prennent place des meubles et accessoires de marine.

En 1875, Thomas et Anne Brassey font leurs adieux à Londres. Ces influents personnages – lord Brassey est membre du Parlement – partent en voyage. Et quel voyage ! Avec armes, bagages, enfants, animaux et personnel, ils embarquent à bord du *Sunbeam*, un luxueux yacht à vapeur d'une cinquantaine de mètres, pour aller faire le tour du monde.

Quelques douzaines d'escales touristico-mondaines plus tard, alors que le *Sunbeam* taille sa route entre Valparaiso et l'île de Pâques, lady Brassey scrute l'océan Pacifique. « Je suis persuadée, écrit-elle, que plusieurs îles signalées dans ces mers n'existent point, et qu'un grand nombre de celles qui s'y trouvent en réalité ne sont point marquées : aussi la vigilance doit-elle être incessante. Quelle charmante occupation d'avoir à corriger et à refaire la carte de ces régions, et que j'aimerais être l'un des officiers chargés de ce service[1] ! »

La cartographie maritime est, à ses débuts, une science et un art. Sur la plus ancienne carte marine découverte en Occident, dite « pisane », qui date de la fin du XIIIe siècle, la Méditerranée et la mer Noire sont finement gravées sur fond de lignes de rhumb, qui correspondent aux directions de la boussole. Mais les « portulans », comme on les appelle alors, constituent aussi un formidable outil de pouvoir. Représenter les terres et les mers, c'est se les approprier. Après le voyage de Colomb, les Espagnols et les Portugais se partagent le monde en 1494, par le traité de Tordesillas. Mis à jour au fil des conquêtes, les

Ci-dessus
Charles II, l'amiral Vautromp et ses officiers déchiffrant des cartes de marine.

En haut, à gauche
Sphère armillaire de Louis-Charles Desnos, datant de 1757. Elle représentait les mouvements apparents des astres autour de la Terre.

En bas, à gauche
Sphère céleste du XVIIIe siècle, artifice géométrique utilisé pour imaginer la place des étoiles dans le ciel.

Pages suivantes
Décapés et astiqués, hublots, poulies et gouvernails sont rassemblés dans une ancienne remise transformée en pub. Plus vrai que nature, un grand mât et sa bôme ont été disposés sur une ancienne passerelle de sardinier.

portulans acquièrent une telle valeur qu'ils sont gardés strictement secrets. Quiconque les dévoile risque d'être puni de mort. Cela n'empêche pas que des « fuites » se produisent : en 1502, le diplomate italien Alberto Cantino convainc un cartographe de copier, moyennant finances, une carte portugaise, qu'il offre à son prince, le duc de Ferrare. Pour l'époque, c'est un cadeau royal.

Les premières cartes marines ont changé la face du monde, mais aussi, parfois, modifié le cours de l'histoire. En septembre 1519, Magellan, navigateur portugais au service de l'Espagne, part chercher, à l'extrême sud de l'Amérique, une voie vers les terres australes. Après avoir hiverné en Patagonie, il emprunte le passage qui portera son nom pour déboucher dans un océan qu'il nomme Pacifique. Le 16 mars 1520, il découvre les Philippines. Si cet archipel tombe dans l'escarcelle de l'Espagne, c'est, semble-t-il, parce que le premier découvreur des terres australes, un gentilhomme français du nom de Gonneville, aurait oublié, quinze ans plus tôt, d'enregistrer sur les portulans le lieu où il avait abordé...

Ci-dessus
Portrait de Magellan datant du XVIe siècle. Sur la route des Indes, le navigateur portugais, cherchant, en 1519, à passer au sud de l'Amérique, découvrit ainsi le détroit qui porte son nom.

Ornées de blasons et d'oriflammes qui matérialisent les prises de possession coloniales, les cartes du XVIe siècle sont moins une représentation du monde qu'un condensé d'observations, d'hypothèses et de fantasmes. Même si les Portugais, après avoir mis au point le calcul de la hauteur de l'étoile Polaire et l'observation de la méridienne, établissent une échelle des latitudes, c'est-à-dire des distances vers le sud et le nord, les portulans demeurent des chefs-d'œuvre d'imprécision. Les marins, d'ailleurs, ne s'y fient guère. « En fait, souligne Monique Pelletier[2], les navigateurs continuaient à estimer leur route par des méthodes très approximatives. Ils faisaient la part entre les représentations cartographiques et l'expérience qu'ils avaient acquise progressivement.

Le plus connu des cartographes, celui dont le nom figure aujourd'hui encore sur les cartes marines dites « de Mercator », est un homme du XVIe siècle. C'est le premier à conserver, dans ses projections, les angles et les

Ci-contre et page 18
Faite par Peter Goos en 1660, carte des Indes orientales, actuelle Indonésie, à l'époque où elle était encore colonie néerlandaise.

Page de droite
Du côté de Saint-Malo, le grenier d'une belle malouinière a été transformé en musée marin pour mettre en valeur des bateaux miniatures, des cornes de licorne et des objets aussi somptueux que variés.

distances. Mais il reste beaucoup de chemin à parcourir pour aboutir aux cartes modernes. Jusqu'au XVIIIe siècle, les connaissances scientifiques des navigateurs sont très limitées. Il n'est donc pas rare qu'une île découverte et approximativement située sur une carte, soit perdue, puis retrouvée par un autre marin qui ignore d'ailleurs que c'est la même, ou qu'une côte n'ait pas du tout le profil indiqué. En outre, la rivalité entre nations fait que chacune d'elles entoure ses découvertes d'un secret presque absolu. La création, survenue en France en 1720, puis en Angleterre et en Hollande vers 1740, des dépôts des cartes et plans de la marine lève des mystères, mais ne corrige pas les erreurs accumulées. Jusqu'à ce que la cartographie devienne, au XIXe siècle, une science à part entière, et qu'un relevé systématique des côtes soit entrepris, bien des marins frôleront la catastrophe à cause de tracés imprécis ou faux. En 1741, l'Anglais Anson, ayant perdu sa position, erre pendant un mois à l'aveuglette dans le Pacifique Sud. Un quart de siècle plus tard, lors de son tour du monde à bord de *La Boudeuse*, Bougainville s'égare quelque part entre les Nouvelles-Hébrides et les Philippines. Dans son journal de bord, il fustige les cartographes : « Honni soit quiconque trace des terres sur une carte sans autre fondement que son ignorance ! Je lui souhaite une partie des nuits cruelles que nous passons[3]. »

À l'imprécision des cartes correspond celle des instruments de navigation. Jusqu'au XVIIIe siècle, ils ne donnent aux voyageurs qu'une idée très approximative de leur cap, de leur vitesse, de leur position et de la distance qu'il leur reste à parcourir.

Le plus ancien instrument de navigation pourrait être le loch, qui sert à mesurer la distance parcourue sur l'eau par un bateau, et donc, sa vitesse. Au Ier siècle avant Jésus-Christ, Pollio Vitruve, architecte et ingénieur romain, invente le loch à aube, dont la roue fait une saillie à travers la coque. Une boîte pleine de cailloux est fixée à l'extrémité intérieure de l'axe, de telle sorte que quand la roue tourne les cailloux atterrissent dans un réceptacle. Cette méthode ne tombera en désuétude qu'à la fin du

Ci-dessus
À La Rochelle, scellée dans le mur de la Bourse, la poupe d'un navire sculptée dans la pierre. Construite et restaurée au XVIIIe siècle, la ville exhibe des porches, des arcades et de beaux hôtels particuliers.

En bas
Enluminure du manuscrit Les Premières Œuvres *de Jacques Devaube, pilote de la marine (Le Havre, 1583). Les marins du Moyen Âge mesuraient la hauteur du soleil et des autres astres grâce à une arbalète ou arbalestille.*

Page de droite
Pour éclairer à l'ancienne un décor, comme dans un bateau, on peut suspendre des lanternes de styles et d'époques variés.

OOST INDIEN.
WASSENDE-GRAADE PASKAART,
Vertoonende nevens het Oostelyckste van AFRICA, meede de Zeekusten van ASIA, van C. de Bona Esperanca tot Eso, boven Iapan
ASIÆ
PERSIA
MOGOL
ARABIA FELIX
YEMEN
Fartaque
Ormus
Guadel
Gouzerate
CAMBAIA
BENGALA
Tropicus Cancri
ARACAN
PEGU
SIAM
MAGADOXA
MELINDE
MOMBAZA
QUILOA
MOCAMBIQUE
SOFFALA
MADA
GAS
CAR
Linea Æquinoctialis
Tropicus Capricorni

Double page suivante
En Normandie, dans l'accueillant salon d'une demeure Louis XV, trônent une maquette de sloop et une mappemonde du XIXe siècle. La bibliothèque enferme une belle collection d'ouvrages sur la mer, à lire enfoncé dans l'un des fauteuils de cuir blond.

XVIe siècle, avec l'apparition du « loch à bateau ». Celui-ci se présente sous la forme d'une planchette lestée, reliée par une patte d'oie à une ligne à nœuds réguliers. Un sablier, dit « ampoulette », complète le dispositif. La planchette est jetée à la mer, entraînant la ligne, et le nombre de nœuds filés en un temps donné permet de connaître la vitesse du bateau. Mais la planchette chasse sur l'eau, et le débit de l'ampoulette est sujet à variations. Il faudra cependant attendre le début du XIXe siècle pour que naisse le loch remorqué, ancêtre du fameux loch Walker et des lochs électroniques modernes.

La boussole est, elle aussi, très ancienne. Les Chinois découvrent, sans doute dès le Ve siècle, l'étrange pouvoir que possède l'aiguille aimantée de toujours désigner le Nord. Ils en font un instrument divinatoire, avant de l'adapter à la navigation. La première « boussole de mer » utilisée à bord des jonques est un simple morceau de fer fuselé, frotté avec de la magnétite avant d'être posé sur l'eau contenue dans un bol en céramique. Une fois introduite en Europe par les explorateurs portugais de la fin du XVe siècle, cette boussole est placée sur une rose des vents, appelée rose « compassée » à cause de l'accessoire qu'utilise le graveur pour en dessiner les contours. Rebaptisé compas, l'instrument est logé dans un habitacle afin d'être protégé des chocs. Non seulement il est fragile, mais il n'est guère fiable, puisqu'on ignore encore la déclinaison magnétique et l'attraction parasite qu'exercent sur l'aimant les masses ferreuses du navire. Entre le XVIe et le XIXe siècle, la boussole de mer connaîtra un certain nombre de mutations. On verra apparaître les compas liquides, puis les compas de route, installés sur le

Ci-dessus et à droite
Sculptées dans le bois, une cariatide de la fin du XVIIIe siècle et la figure de proue du bateau La Triomphante.

À droite
Gravure extraite de Journal ou description du merveilleux voyage de Guillaume Schouten, *XVIIe siècle. On y voit Guillaume Schouten, navigateur qui donna son nom à un groupe d'îles découvert en Océanie en 1616, et son navire l'*Endracht, *ainsi que Fernand de Magellan et la* Vittoria.

pont dans des fûts de laiton. Entretemps, au XVIIIe siècle, le compas aura fait son entrée, renversé, dans la chambre du capitaine, pour permettre à celui-ci de vérifier le cap suivi sans avoir à monter dans la timonerie. Les matelots le surnomment, évidemment, « mouchard ».

Les premiers instruments de navigation astronomique sont originaires de l'Occident méditerranéen. Dès le XIIe siècle, les Arabes savent qu'en calculant la hauteur du soleil par rapport au zénith, puis en croisant cette donnée avec la déclinaison, on obtient la latitude qui indique sur quel parallèle se trouve le navire, c'est-à-dire sa distance à l'équateur à quelques centaines de kilomètres près. Dans la seconde moitié du XVe siècle, au fil de leurs voyages de retour d'Afrique, les Portugais découvrent qu'en faisant route au large ils échappent aux vents contraires. Mais en s'éloignant des terres, ils perdent tous leurs points de repères, et la boussole ne suffit pas à les guider. À leur tour, ils imaginent alors d'utiliser les astres.

L'astrolabe de mer, qui apparaît vers 1480, est une adaptation de l'astrolabe planisphérique. Cet instrument d'origine grecque, perfectionné par les Arabes, donne, en deux dimensions, une représentation de la sphère céleste par rapport à l'horizon d'un lieu. En forme de cercle, l'astrolabe de mer permet, grâce à son alidade mobile, de viser la hauteur du soleil à midi.

Entre le XVe et le XVIIIe siècle, les marins embarqueront différents instruments de navigation pour trouver leur position sur la mer. Parmi eux, le nocturlabe, ou « cadran aux étoiles », qui permet de connaître l'heure la nuit, par la rotation des étoiles voisines

Ci-dessus
Renard de timonerie, datant du XVIIIe siècle. Ce disque de bois divisé en 32 parties correspondant aux 32 aires du vent, servait à calculer le chemin effectué par le navire.

En haut, à droite
Compas renversé de Jean-Charles Chesse, 1768. Il était fixé sous le tillac dans la cabine du commandant de manière à voir le cap du navire.

À gauche
Compas sec d'embarcation, 1905.

À droite
La longue-vue a été inventée en 1609 par Galilée. Celle-ci, datant de la fin du XVIIIe siècle, est de François-Antoine Jecker.

de la Polaire, et l'arbalète, dite aussi « bâton de Jacob », mise au point dès le XIVe siècle par l'Espagnol Levy ben Gerson, et qui permettra à Vasco de Gama de mesurer sa latitude à une trentaine de kilomètres près. Le plus populaire sera le quartier de Davis, simple, peu coûteux et très maniable. Sa troisième version, mise au point au milieu du XVIIe siècle par l'astronome anglais John Flamsteed, qui permet, grâce à un « verre ardent », une coïncidence des lignes de visée lors des observations du soleil, restera en usage jusqu'à la seconde moitié du XVIIIe siècle.

Certains de ces instruments ont évolué lentement au fil du temps. C'est le cas de la longue-vue, inventée en 1609 par l'astronome Galilée, et qui s'avère bien utile au marin pour observer la côte avant d'accoster, ou pour estimer les forces de l'ennemi avant de se lancer à l'abordage. La « lunette à longue vue », comme on l'appelle à l'origine, va conserver longtemps un corps en carton recouvert de vélin, et des viroles d'assemblage en ivoire ou en corne, avant de s'habiller de métal ou de bois. Et personne n'a l'idée, avant le XIXe siècle, d'en réunir deux et de les raccourcir pour confectionner des jumelles.

L'évolution du baromètre n'est guère plus rapide. Cet instrument, qui mesure la pression de l'atmosphère et permet, par conséquent, de prévoir l'évolution du temps, est inventé en 1643 par un Italien, Evangelista Torricelli. Il consiste alors en un tube de verre rempli de mercure, posé sur un récipient creux, plein de mercure lui aussi. Le mercure contenu dans l'éprouvette monte et

Ci-dessus
Astrolabe quadrant arabe datant de 1770.

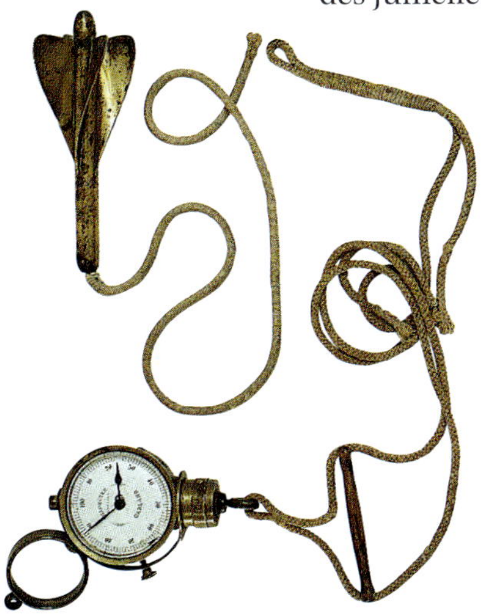

Ci-dessus
Loch à hélice ou sillomètre du XIXe siècle de L. Garland.

En haut, à gauche
Réplique d'un astrolabe de mer espagnol du XVIe siècle.

En haut, à droite
Astrolabe arabe du XIVe siècle.
L'astrolabe, dont les Anciens attribuaient l'invention à l'astronome grec Hippare, servait à déterminer la position et la hauteur des astres au-dessus de l'horizon.

Le Soleil Royal *(ci-dessus), était un vaisseau de ligne construit en 1669, dont la poupe, (ci-dessous) était richement ornée et sculptée de personnages inspirés de ceux de l'ornemaniste Jean Bérain.*

descend lorsque la météo se modifie. Dans la seconde moitié du XVIIe siècle, l'Anglais Robert Hooke adapte le baromètre à la navigation en le dotant simplement d'un tube plus étroit, pour éviter que sur les bateaux le mercure ne jaillisse à chaque coup de gîte. L'instrument n'évoluera pas beaucoup dans les deux siècles suivants. Il ne connaîtra une véritable amélioration qu'en 1844. Cette année-là, Lucien Vidie, un Nantais qui a renoncé à la carrière ecclésiastique pour se lancer dans les inventions mécaniques, présente le baromètre anéroïde, doté de capsules métalliques vides d'air, qu'un ressort protège de l'écrasement. Lorsque la pression diminue, les capsules se dilatent et agissent, par un système de transmission, sur une aiguille qui se déplace dans le sens inverse des aiguilles d'une montre. Étalonnée en millimètres de mercure ou en millibars, cette petite machine à faire la pluie et le beau temps a navigué jusqu'au XXe siècle, dans son habitacle d'acajou, sur tous les océans du monde.

Avec ses mystères et ses dévoilements, ses rivalités et ses coups de théâtre, l'histoire des instruments de navigation n'est pas très éloignée du roman d'aventures. Son chapitre le plus long, et le plus étonnant, est celui qui débouche, après des siècles de recherches et d'expérimentations, sur la maîtrise des longitudes, c'est-à-dire la route parcourue vers l'ouest ou vers l'est.

Dans *L'Île du jour d'avant*, le romancier Umberto Eco résume en termes assez simples ce problème infiniment complexe. Il rappelle que les anciens ont divisé la terre en trois cent soixante degrés, dont chacun équivaut à quatre minutes de temps, et fait dire à Colbert : « Il y aurait un moyen sûr : avoir à bord une horloge qui garde l'heure du méridien de Paris, déterminer en mer l'heure du lieu, et déduire de la différence l'écart de longitude[4]. »

La mesure du temps en mer préoccupe les savants dès le XVIe siècle. Mais il apparaît très vite que l'horlogerie terrestre est inutilisable sur les

Ci-dessus
Un fragment de tapisserie sert de toile de fond à un ensemble d'objets hétéroclites : ancienne maquette de Riva, drageoir, coquillage exotique et lampe en bois et inox.

En haut, à droite
Sur la table de chêne bien cirée, devant une toile représentant un voilier, des objets trouvés dans le grenier d'un marin.

À droite
Anciens ou réinterprétés, en cuivre, en tôle, à pétrole ou électrifiés, des fanaux forment une impressionnante collection.

A. EGGLETON
3rd Bn Gr Gds MAKER

Les meubles de bateau en acajou sont un beau support pour les octants, barres, longues-vues, boussoles... (page 28). Posées sur un caillebotis de teck, des lampes, dont la lumière se reflète dans la vitre d'un hublot, éclairent des maquettes de collection (page 29).

Page de gauche
Ouvrage hors du commun, ce patchwork a été réalisé par un officier anglais qui a découpé les différentes pièces de tissus dans son uniforme.

Ci-dessus
Habitacle d'observation, dans lequel est enfermé le compas de route, vers 1800.

À droite
Octant datant du XVIIIe siècle, supposé être du navigateur Louis-Antoine de Bougainville. Cet instrument servait à observer les hauteurs et à déterminer presque exactement la latitude.

océans. Les mouvements du navire et les différences de température dérèglent tous les mécanismes. En 1656, l'astronome et physicien hollandais Christian Huygens, appelé à Paris par Colbert, invente le balancier d'horlogerie pour régler le mouvement des montres. Jusque-là, elles fonctionnaient avec un ressort qui n'était pas régularisé par un mouvement périodique. Mais en dépit de ses efforts, Huygens ne parvient pas à adapter sa montre à la mer.

Les seuls garde-temps dont disposent alors les marins sont des sabliers, remplis de coquille d'œuf broyée ou de sable fin. Apparus au XVe siècle, ces « descendants directs des clepsydres[5] » ne sont guère utilisés pour calculer le chemin parcouru, mais plutôt pour marquer les heures de service.

À la fin du XVIIe siècle, les scientifiques s'efforcent, sans y parvenir, de mettre au point l'horloge qui fonctionnerait à la mer d'une manière exacte et continue. Convaincus de l'utilité d'un tel instrument, les États européens décident d'encourager les recherches. Ce n'est pas un hasard si la Hollande est la première à offrir une forte prime, trente mille florins, à qui résoudra le problème des longitudes. Sa Compagnie des Indes, la fameuse V.O.C., fondée en 1602, est alors extraordinairement prospère. Vers 1680, après avoir multiplié les prises de contrôle, de Malacca à Ceylan en passant par Timor, la Hollande se trouvait « en situation de gérer les échanges économiques entre l'Orient et l'Europe. Elle contrôlait les routes de l'océan Indien, ses points stratégiques et ses ports d'exportation, du Tonkin à la mer Rouge[6] ». Elle se devait donc, à tout prix, de conserver son hégémonie sur les mers.

En 1685, un navire français, *L'Oiseau*, part en ambassade au royaume de Siam. Il emporte à son bord une horloge à spirale et ressort, ainsi qu'un personnage passable-

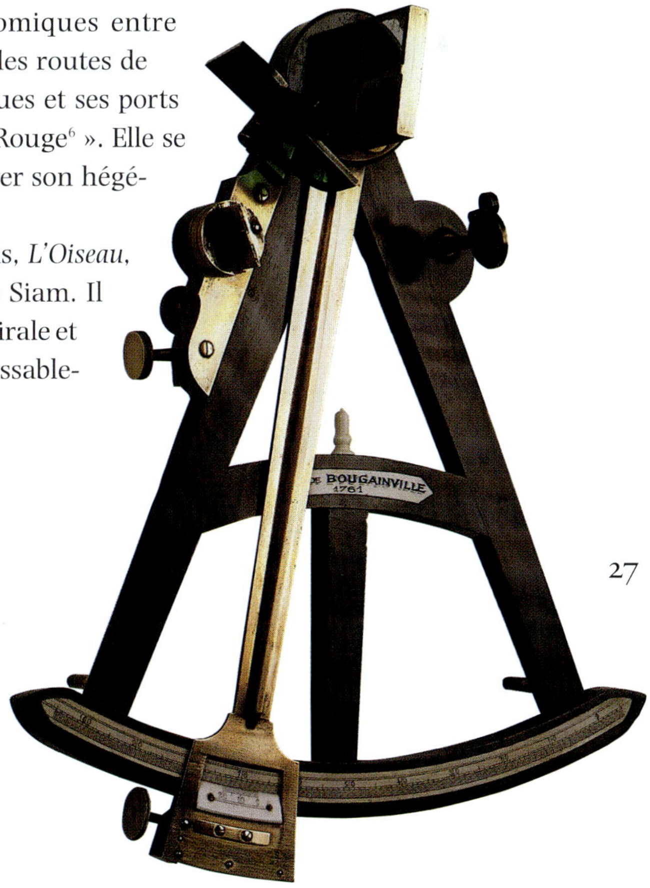

Walker's "Cherub" III Taffrail Ship-Log
STAND BY
STOP
FINISHED WITH ENGINES
SLOW
HALF
FULL
AHEAD
ASTERN
SLOW
HALF
FULL
CHARLES D. HOLMES & Co LTD
ENGINEERS
HULL

ment excentrique, François Timoléon de Choisy, qui aimait s'habiller en femme, et était allé vivre en province sous le nom de « comtesse des Barres » avant d'entrer dans les ordres. Dans son compte rendu de mission, l'abbé de Choisy explique que le mécanisme de l'horloge n'a pas résisté au voyage. La Hollande garde ses florins, et les savants se remettent au travail, tandis que sur les océans, les « mangeurs de sable » continuent à sévir : « En 1703, empêchée par la brume d'observer le ciel au large du Spitzberg, la flotte de Duguay-Trouin comprenait tout d'un coup les raisons de l'étrange comportement physiologique des équipages : sans que l'on y ait pris gare dans la clarté permanente de l'été boréal, le jour et la nuit s'étaient tout simplement inversés artificiellement. Dans leur hâte à quitter leur quart, les matelots chargés des sabliers avaient petit à petit gagné dix heures en huit jours en retournant les ampoules avant qu'elles ne fussent entièrement vides[7]. »

Pour mesurer le temps, le sablier, existant depuis la très haute antiquité, a probablement été inventé par les Égyptiens. Il fut utilisé dans la marine à partir du XVe siècle. Celui-ci (ci-dessus) date du XVIIIe siècle, tout comme celui d'une demi-heure (à droite).

En 1714, l'énigme des longitudes devient véritablement une affaire d'État. Le Parlement anglais, via un Bureau des longitudes, promet la somme de vingt mille livres, soit une véritable fortune, à celui qui inventera une méthode pour calculer la longitude à un demi-degré près, soit l'équivalent de cinquante kilomètres près. La France suit le mouvement, avec une mise de fonds nettement moins importante, dite « le legs rouillé ». De part et d'autre de la Manche, les montres se multiplient, mais aucune n'est encore apte à résister à l'épreuve de la navigation.

En 1731, un nouvel instrument de marine apparaît, qui va jouer un rôle capital dans la précision du point. Il ne s'agit pas d'une horloge, mais de l'octant, qui va progressivement remplacer le quartier de Davis. Inventé par l'Anglais John Hadley,

Ci-dessous
Gravure de Galle d'après Jan van der Stract. Flavio Giova d'Amalfi, marin, est l'un de ceux à qui on attribua l'invention de la boussole en 1302.

Page de droite
Une ancienne figure de proue semble garder l'entrée de la malouinière, face à un grand escalier de granit patiné. Devant la rampe de fer forgé, sur une commode de port, une maquette de frégate datant de 1830.

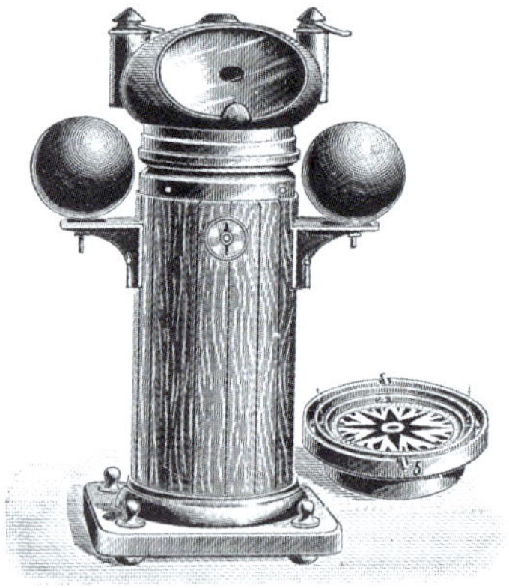

Ci-dessus
Habitacle de compas, armoire où est enfermé le compas de route.

À droite
Habitacle de compas magnétique compensé, datant du XXe siècle.

cet instrument de mesure d'angles permet de déterminer la latitude à une minute près. Comme l'explique Jean Randier : « Sa véritable originalité est la stabilité remarquable sur l'horizon de l'image d'un astre observé, grâce au principe même de la double réflexion, dont seul l'usage à la mer permet de se rendre compte[8]. »

L'une des conditions du calcul des longitudes, l'exactitude de la visée, est désormais remplie. Il ne manque plus que l'heure exacte. Vers 1750, le Français Rivaz propose une horloge de marine à « balancier circulaire », tandis que l'un de ses confrères conçoit un modèle « à foliot et à équation ». Ni l'une, ni l'autre n'ont le degré de précision requis. Pendant ce temps-là, l'horloger londonien John Harrison met la dernière main à un mécanisme d'une extrême complexité. Depuis l'ouverture du concours du Bureau britannique des longitudes, quarante-cinq ans plus tôt, il a déjà déposé trois chronomètres, qui ont été successivement recalés. Sa nouvelle création, la montre n° 4, présentée en 1759, est longuement examinée à terre, puis embarquée sur l'Atlantique, sous la haute surveillance d'un collège d'experts. Après vingt-deux jours de navigation entre Portsmouth et l'île de la Barbade, ceux-ci comparent l'indication fournie par la montre de marine avec la révolution des lunes de Jupiter. L'erreur est inférieure à quarante secondes. Cette fantastique exactitude, trois fois plus grande que celle exigée par la commission, vaut à Harrison la fortune et la gloire.

En France, on refuse de croire à la supériorité technique de l'Angleterre. Pour stimuler les savants, l'Académie des sciences lance solennellement un concours. Il a pour intitulé *La Meilleure Manière de mesurer le temps à la mer*. Deux horlogers, Pierre Le Roy et Ferdinand Berthoud, se mettent rapidement sur les rangs. Le 5 août 1766, Le Roy

Ci-contre
Posée sur la carte de l'île de Houat, la pointe sèche est prête à déterminer la position du navire en mer.

présente à Louis XV le fruit de ses efforts. Ses montres sortent victorieuses des premiers examens auquels elles sont soumises. Il ne reste plus qu'à s'assurer qu'elle se comporteront aussi bien en mer.

Le Roy trouve un mécène en la personne du marquis de Cortanvaux, qui fait construire spécialement une frégate pour l'épreuve. Pendant trois mois, *L'Aurore* musarde entre Calais et Boulogne, via Amsterdam et Rotterdam. Au retour, les montres indiquent précisément l'heure. Mais Pierre Le Roy n'est pas satisfait de cette tournée en mer, qu'il trouve trop brève. Il réclame une seconde épreuve. Ses montres reprennent la mer, cette fois à bord de *L'Enjouée*, qui, partie du Havre, effectue un véritable périple, via Terre-Neuve et l'Afrique, avant de regagner la France. Confrontés à des tempêtes et à d'importantes variations de température, les garde-temps de Le Roy ne se dérèglent pas. L'Académie des sciences lui décerne alors son prix.

De son côté, Berthoud achève de concevoir des montres à la fois fiables et peu volumineuses. Il ne lui reste plus qu'à prouver qu'il a atteint la perfection. En 1768, ses précieux mécanismes sont embarqués à bord de l'*Isis*. Le commandement de cette frégate de dix-huit canons est assuré par le chevalier de Fleurieu, un enseigne de vaisseau qui a assisté Berthoud dans ses travaux. Pour n'être pas soupçonné de parti pris, Fleurieu embarque, en même temps que les montres, plusieurs officiers chargés de les surveiller. Il lève l'ancre en novembre et entame un périple d'un an, arpentant l'Atlantique du nord au sud et d'est en ouest. Au retour, l'exactitude de ses instruments vaut à Berthoud d'être nommé inspecteur des montres marines.

La bataille des montres a éclipsé tous les autres progrès réalisés dans le domaine des instruments de navigation. L'apparition, vers 1750, d'un descendant de

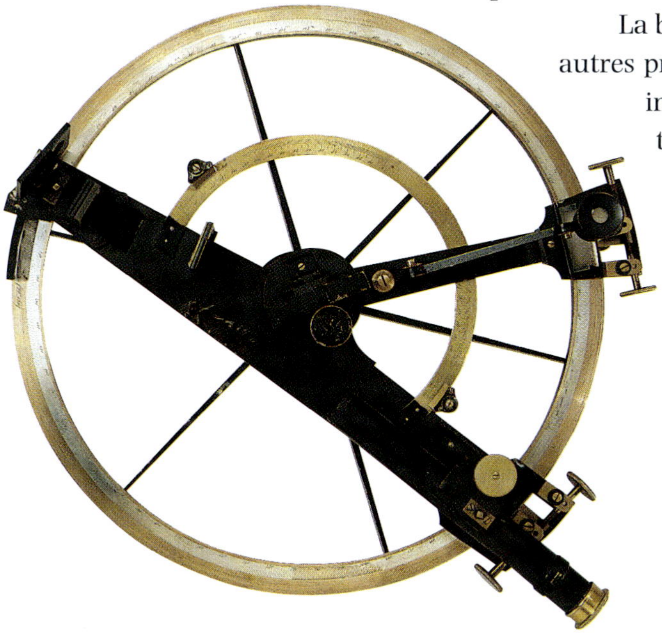

Ci-dessus
Barre du cuirassé d'escadre La Bretagne, *premier quart du* XX*e siècle.*

Ci-contre
Cercle répétiteur inventé par le mathématicien, physicien et marin, Jean-Charles Borda au XVIII*e siècle, pour pallier les erreurs de graduation.*

l'octant, le sextant, n'a pas fait couler beaucoup d'encre. Et pourtant, ce nouvel outil de visée permet une mesure angulaire de 120 degrés, contre 90 degrés seulement pour l'octant. Il est vrai que le sextant exige encore d'être perfectionné, tandis qu'avec le chronomètre de marine, l'horlogerie mécanique a, pour ainsi dire, atteint son sommet.

En 1775, l'Anglais James Cook, qui a déjà bouclé deux tours du monde, est sollicité pour chercher un passage, à l'extrême nord du globe, entre le Pacifique et l'Atlantique. Il accepte sans hésiter de quitter l'Observatoire de Greenwich, où il a été nommé, pour entreprendre une troisième expédition. En 1771, il avait déjà embarqué plusieurs montres, dont une copie de la n° 4 de Harrison, qu'il avait décrite comme son « guide sans défaillance ». En 1776, juste avant qu'il n'embarque à bord de la frégate *Resolution*, l'amirauté britannique lui confie un nouveau jeu de chronomètres. Parvenu au cap de Bonne-Espérance, Cook écrit, émerveillé, à ses commanditaires : « Faisant confiance à la précision de la montre, je décidai de tenter de mettre le cap sur l'île de Sainte-Hélène par la route directe. La montre ne nous déçut point, nous atteignîmes l'île selon le plan prévu ; le 15 mai, au petit jour, nous la vîmes étendue devant nous en direction ouest-nord-ouest[9]. »

En permettant de résoudre l'énigme des longitudes, la montre de marine a ouvert la voie d'une nouvelle ère. Les voyages de découverte sont terminés. Les grandes explorations scientifiques, qui exigeaient que la navigation devienne une science exacte, peuvent désormais commencer.

À gauche
Coffre de marine dit de Nuremberg, datant du XVIIIe siècle.

Ci-dessous
Malle de Rouen en bois polychrome datant du XIXe siècle.

En bas
Gravure représentant la cabine-laboratoire du Challenger, *navire anglais qui, de 1873 à 1876, effectua de nombreux dragages et explorations, afin de faire connaître pour la première fois, la nature des fonds sous-marins.*

Page de droite
De simples objets marins du quotidien sont devenus objets de charme : anciennes poulies, bateaux-bouteilles, petites boîtes et demi-coque de langoustier dans son cadre bordé d'acajou.

Cm 456 "Salve Maria
langoustier de Camaret construi
Cm 456

Jusqu'au XIXe siècle, les navires de guerre et de commerce

étaient des monuments d'inconfort.

Il a fallu attendre que les Anglo-Saxons inventent le yachting

pour que naisse l'art de vivre à bord.

comme sur un voilier

Au début du XVIIIe siècle, Claude Caron, arpenteur royal de son état, s'installe à Rochefort. Ce n'est alors qu'une petite ville, nouvellement créée par Louis XIV. On y construit des vaisseaux pour la flotte, et les meilleurs charpentiers de marine sont déjà à pied d'œuvre. Dévoré de curiosité, l'arpenteur leur rend visite et les interroge sur leur travail. « Venant à parler des bois qui pouvaient entrer dans la construction d'un navire nommé *Le Victorieux*, que l'on achevait pour lors, ils ne me purent donner de solution à ma demande, rapporte Caron dans son *Traité des bois servant à tous usages*[1] ; mais voyant qu'ils avaient assez de penchant à me rendre service, je les priai de souffrir que j'en fisse le toisé ; ce qui me fut bientôt accordé, et même ils m'aidèrent beaucoup, en me nommant toutes les pièces qui y étaient employées, leur longueur et grosseur, dont je fis un état exact, et fus bien surpris en faisant le calcul, quand j'aperçus au total 17 465 pièces de bois au compte de Paris, sans avoir compris la mâture, sculpture, menuiserie et autres ouvrages du dedans, qui n'étaient point encore faits. »

De retour chez lui, ce Sherlock Holmes des membrures continue à aligner les chiffres. Il découvre avec stupeur que la coque du *Victorieux* a englouti mille huit cents charrettes de bois, « de quoi construire plusieurs quartiers de ville ». « C'est une chose admirable, conclut-il, qu'une masse si prodigieuse puisse voguer avec une si grande facilité, et servir à faire les longs voyages où l'on navigue de toutes parts. »

Masses prodigieuses, en effet, que ces vaisseaux de guerre et de commerce. Instruments de puissance, preuves éclatantes de pouvoir, ils sont construits pour aller loin et tenir bon. Au XVIIe et au XVIIIe siècle, rien n'est trop beau pour les flottes des rois. En 1669, Colbert a même rendu une ordonnance pour favoriser les approvisionnements en bois de chêne de la marine, et depuis lors, les arbres dévolus à la construction navale sont marqués au pied de leur tronc d'une empreinte portant une

Ci-dessus
À La Rochelle, une main anonyme a taillé au couteau dans le calcaire de Saintonge l'esquisse d'un voilier.

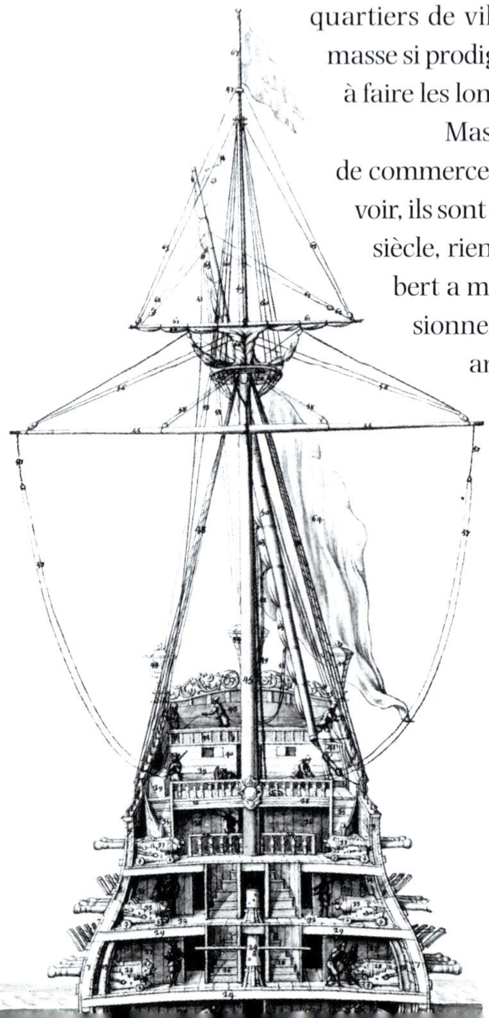

En bas
Dessin décrivant l'organisation de l'espace interne d'un vaisseau, niveau par niveau. Il est issu de l'album commandé par Colbert, à la fin du XVIIe siècle, qui représentait, pour le secrétaire d'État à la Marine, une sorte d'état des lieux de la marine française.

Page de droite
On a utilisé ce grand buffet de bois blond pour présenter un beau service de porcelaine blanche, entouré d'objets de pêche et de navigation.

EASTONOLA

ancre surmontée d'une fleur de lys. Les mâtures, les sculptures, les décorations engloutissent des forêts entières de pins et de sapins, plus flexibles et légers que le chêne. Quand le bois vient à manquer, on va le chercher au-delà des frontières, et aussi loin qu'il le faut : c'est ainsi qu'au début du XVIIIe siècle l'arsenal de Toulon va s'approvisionner jusqu'en… Albanie[2] !

Ci-dessus
Dans le salon d'un collectionneur, un grand voilier prêt à appareiller étire ses voiles.

En bas
Marine française avant 1914.

Vus de l'extérieur, les navires sont spectaculaires, avec leurs dorures et leurs sculptures. Sous Louis XIV, les châteaux arrière des bâtiments supportent deux, voire trois galeries, surchargées de balustrades ornées de tableaux représentant des batailles, des cariatides. La Marine entretient un corps de sculpteurs, et des artistes renommés, comme le peintre Charles Le Brun, sont sollicités pour décorer des vaisseaux de combat du roi. Ce qui compte, c'est d'impressionner l'ennemi, d'éblouir les habitants des contrées lointaines.

Dès qu'on pénètre à l'intérieur, c'est une autre histoire. Jusqu'à la fin du XVIIIe siècle, les vaisseaux des rois et des armateurs, lancés à la découverte et à la conquête du monde, sont de splendides monuments d'inconfort. L'équipage s'entasse entre canons, barils, barriques et des monceaux de provisions, notamment du bétail sur pied. Le capitaine est à peine mieux loti, même s'il dispose d'une « chambre particulière » : « C'est la seule pièce installée, pourvue de meubles, bureau, lit avec "paillasse" et matelas, fauteuils, à bord de la plupart des navires, raconte Jean Merrien dans *La Vie des marins au Grand Siècle*[3]. Le confort reste très relatif, car la pièce n'a généralement que 5,5 pieds de hauteur, soit 1,78 mètres (or il faut y porter les hauts talons à la mode, et le chapeau à plume !) ; le bruit y est éprouvant car, au-dessus, un mince plancher sépare des chambres ou cabanes des officiers de l'escalier de dunette, au-dessous grince la barre et, de niveau, la chambrette est contiguë au bruyant corps de garde. » Quant aux passagers, ils sont horrifiés par l'univers qu'ils découvrent. Un négociant bordelais, longeant les côtes du Brésil au XVIIIe siècle, se plaint amèrement de devoir occuper « une cabane qui ressemble mieux à une souricière qu'à une chambre : je n'y saurais tenir assis et, quand je suis couché, mes pieds passent la porte[4] ».

Page de gauche
Dans un pub de Saint-Malo, le décor tout acajou, murs, parquets et fauteuil indonésien tapissé de cuir, a été conçu pour mettre en valeur une collection de maquettes de bateaux.

Double page suivante
Dans le salon de cette maison rétaise, les matériaux naturels ont été utilisés dans la plus pure tradition de l'île. Des détails comme les mouettes en bois ou en fer, la bouée aux teintes écaillées ou le bobineau et son cordage, transformé en table, lui donnent une ambiance marine.

Ci-dessus
Une cabine du Jacques Cartier.

Ci-dessous
Équipage dans une batterie de cuirassé, vers 1890. Julien Le Blant.

Il faut se rendre à l'évidence : jusqu'à l'ère des clippers et des paquebots, aménagements intérieurs et mobilier marin sont réduits à leur plus simple expression. Les documents d'époque en témoignent : les coques richement ornées dissimulent des cabines et des entreponts aussi obscurs et confinés que des tombeaux. Les caillebotis, ces treillis en bois déjà présents sur les ponts des anciens vaisseaux, ne laissent guère passer l'air. Ils constituent pourtant, avec l'écoutille centrale, la seule ouverture. En mer, tous les sabords sont en effet hermétiquement fermés pour protéger les canons. Pour la lumière, c'est la même chose : dès la tombée de la nuit, on allume des chandelles de suif, ou encore de cire dans les pays chauds, que l'on installe dans des lanternes. Mais ce faible éclairage est réservé aux officiers, et au pont, là où la manœuvre l'exige. Les marins, eux, sont condamnés à l'obscurité.

« Du XIVe au XVIe siècle, explique Marie-Noëlle Dieutegard, antiquaire de marine, les châtelains vivaient comme des nomades. À bord des vaisseaux, c'était la même chose. On ne disposait que du strict nécessaire. Au XVIIe et au XVIIIe, la situation n'a guère évolué. Les quelques meubles qui ornaient les cabines des capitaines venaient de leur demeure à terre. Ils naviguaient avec leur table, leurs fauteuils ou leurs tapis, et la vaisselle d'étain qu'ils utilisaient étaient la leur. Ils ne dormaient pas dans des lits-bateaux, mais dans des couchettes encastrées dans les coques. Les matelots se contentaient de hamacs en toile à voile, parfois cousue en double épaisseur afin d'y glisser un matelas de crin ou de varech. »

Le marin, à bord, ne possède que son coffre. Il le confectionne lui-même, en utilisant un bois commun ou, plus rarement, un bois exotique trouvé dans un port. Élargi à la base, afin de tenir au roulis, il est généralement doté de pieds pour éviter de prendre l'eau de mer par le fond. Il est peint sommairement, mais à l'intérieur du couvercle, on découvre parfois de véritables chefs-d'œuvre d'art naïf : un bateau, bien sûr, mais aussi des drapeaux, ou encore des motifs bucoliques, par exemple des guirlandes de fleurs. Le marin, qui s'en sert à la fois comme malle et comme siège, considère son coffre

Page de droite
Au Cap-Ferret, les murs lambrissés de pin verni s'harmonisent à l'acajou du lit-bateau dans une petite chambre conçue comme une cabine.

W

comme un véritable trésor. Il le décore avec un soin jaloux. On dirait aujourd'hui qu'il le « personnalise ». Dans *Les Épaves de l'océan*, roman britannique du XIXe siècle[5], le capitaine raconte les « retrouvailles », en pleine mer, du matelot Ben Brace, naufragé d'un navire négrier, et de son coffre, qu'il avait sauvé du naufrage, avant d'être contraint de le laisser dériver : « C'était bien sa malle, sa propriété, son objet d'art. Il n'y avait au monde que sa caisse à effets qui eût ce couvercle si parfaitement ajusté et recouvert en toile à voile, rendue imperméable par un épais revêtement de peinture blanc. Comment n'eût-il pas reconnu ces poignées commodes que lui-même avait tressées et adaptées à chaque extrémité ? Et là, sous le trou de la serrure, qu'auraient pu représenter ces deux initiales "B. B." si distinctement tracées, si elles n'eussent été mises là pour témoigner du droit incontestable à la propriété de Ben Brace ? Et ces étoiles, ces emblèmes fantastiques, cette ancre dont il était si fier, ne témoignaient-ils pas du talent artistique de son propriétaire ? »

Les capitaines disposent, quant à eux, de différents types de coffres. Pour entreposer argent et papiers précieux, ils ont parfois de véritables coffres-forts mobiles, dits « de Nuremberg » parce qu'ils y sont généralement fabriqués, ou encore « coffres de corsaires », puisque, pendant les guerres de Louis XIV, les corsaires malouins s'emparèrent d'un certain nombre d'entre eux. Ces pesants meubles de fer, solidement cadenassés, se vissent par le fond dans la cabine. Pour leurs effets personnels, capitaines et officiers utilisent eux aussi de simples coffres de bois.

C'est en fait seulement au XIXe siècle qu'apparaissent les meubles « de bateau ». La naissance d'un véritable mobilier de bord et d'une décoration intérieure digne de ce nom coïncide curieusement avec l'adoption,

En haut
Sur la côte flamande, architecture minimaliste et jaune coquille d'œuf pour cet appartement. Dans le couloir, seules tranchent la couleur sépia des appliques découpées dans de la tôle et les cartes postales anciennes encadrées comme des tableaux.

Ci-contre
Enfants jouant au bord de la mer, vers 1910.

Blanche simplicité pour une chambre conçue comme l'intérieur d'un coffret : les planches des murs ont été badigeonnées au blanc de titane et le lit recouvert de chanvre est protégé par une moustiquaire.

Double page suivante
Dans une maison de Noirmoutier, des planches de chantier ont été détournées pour faire d'originales boiseries. Leur sobriété met en valeur une collection de maquettes de bateaux coupées au couteau.

par les architectes navals, de deux bois exotiques qui, aujourd'hui encore, apparaissent comme les « bois marins » par excellence : l'acajou et le teck.

« L'histoire de l'acajou commence en 1492, lorsque Christophe Colomb aborde à Haïti, raconte Jacqueline Viaux Locquin[6]. Les Espagnols, aussitôt, taillent dans ce bois une croix destinée à marquer l'emplacement de la future cathédrale de Santo Domingo. » Les premiers chargements d'acajou qui arrivent en Europe, à Séville, vers 1520, ont servi de lest aux caravelles revenant des Indes. Les ébénistes l'adoptent les premiers. C'est seulement au milieu du XVIIIe siècle que les charpentiers de marine s'intéressent à ce bois qui se polit facilement et, surtout, est imputrescible. En Angleterre, les premiers vaisseaux d'acajou apparaissent dès le XVIIIe mais il faut attendre le milieu du XIXe pour que la France suive le mouvement. *L'Audacieuse*, un navire à vapeur dont le lancement a lieu en 1842, est semble-t-il, le premier bateau français construit en acajou. Dès lors, ce bois d'un rouge profond, qui fonce à la lumière, envahit les chantiers navals. Coques, ponts, cabines, l'acajou devient l'essence favorite des charpentiers de marine et architectes navals.

Dans la même période, un autre bois fait son apparition à bord. Il s'agit du teck, originaire d'Asie. Au XVIIe siècle, navigateurs français et britanniques admirent les bateaux construits pour le commerce local dans cette essence au grain fin, dont la fibre odorante et onctueuse n'attaque pas le métal, et qui résiste aussi bien à l'humidité qu'aux insectes. Au cours du XVIIIe siècle, les Européens ouvrent de nombreux chantiers navals en Inde, au Bengale ou en Birmanie. Selon les archives, ceux que les Français possédaient à Rangoon en 1785 étaient extrêmement florissants : entre 1786 et 1825, une centaine de navires de teck y auraient été construits. Vraisemblablement, les navires anglais sont les premiers à rentrer des Indes avec du teck dans leurs cales. On ne sait à quelle époque on a commencé à construire des navires en teck en Europe. Peut-être est-ce seulement au début du XIXe siècle, si l'on en croit Las Cases, qui note, dans le *Mémorial de Sainte-Hélène*, à la date du 1er mars 1816 : « Aujourd'hui sont arrivés à Sainte-Hélène des bâti-

Ci-dessus
Inspiration marine pour toutes sortes d'objets charmants que rassemble la couleur bleue, symbole de l'Ouest.

Ci-dessous
Départ des terre-neuvas à Saint-Malo. Albert Brenet, vers 1936.

Page de gauche
Dans une maison contemporaine, construite comme un navire à la pointe du Finistère, l'escalier intérieur fixé au mur semi-circulaire s'envole vers la terrasse.
À son pied, une superbe maquette datant du XIXe siècle d'un cotre provenant du Cotentin.

ments venant du Cap : l'un d'eux, le *Wellesley*, de soixante-quatorze canons, portait dans sa cale un autre vaisseau démonté ; ils avaient été construits tous les deux dans l'Inde, en bois de teck, à trois quarts meilleur marché qu'en Angleterre. Ce bois est excellent, et le vaisseau, de nature à durer beaucoup plus longtemps que ceux de l'Europe. C'est une révolution probable qui se prépare dans les matériaux et la construction de la marine anglaise[7]. »

Au XIXe siècle, s'ouvre une nouvelle ère pour la navigation. Les bateaux ne deviennent pas seulement plus résistants : progressivement, leurs formes changent, s'affinent, et le confort apparaît à bord. Un confort relatif, sans doute, offert avant tout aux capitaines, aux états-majors, et aux passagers de marque, et qui ne concerne guère les matelots, sans parler des pêcheurs, condamnés, comme dans les siècles précédents, à vivre à la dure. Mais au fil des décennies, au fur et à mesure que les extérieurs se dépouillent, les intérieurs s'enrichissent de meubles véritablement marins, c'est-à-dire non plus empruntés à la terre, mais conçus pour la mer.

L'on possède peu d'informations sur l'aménagement des trois-mâts construits pour les grandes explorations scientifiques menées à la charnière des XVIIIe et XIXe siècles. Les récits des navigateurs portent en effet sur leurs découvertes, pas sur la vie à bord. À propos de *La Belle Poule*, la frégate du prince de Joinville, lancée en 1834, on sait seulement que sa poupe « n'était pas arrondie comme celle des navires de son temps, mais offrait un imposant tableau ; percé de larges ouvertures, il permettait aisément l'aménagement de vastes et confortables logements, luxueusement décorés[8] ». Le mobilier de ces vaisseaux était sans doute encore, pour l'essentiel, « terrien », et il faudra attendre les clippers pour que de véritables « meubles de bord » fassent leur apparition. Ces trois-mâts carrés, à la carène élancée, dont la construction se développe dans les années 1820 en Angleterre et en Amérique, sont essentiellement utilisés pour le commerce du thé et le transport aux Indes de voyageurs et de marchandises. Ce sont eux qui, au milieu du XIXe siècle, y déposent, via le cap Horn, équipement et main-d'œuvre, avant de faire route vers l'Ex-

Ci-dessus
À Dinard, cette désuète et charmante plaque de mosaïque indique le nom d'une villa construite dans les années 40.

En bas
Du côté de Biarritz, l'art de la récupération où tout se combine parfaitement : baignoire et lavabo début de siècle, table de chirurgie et boîte à instruments en métal, chaises rustiques et assiettes marines...

Page de droite
Dans la salle de bain d'une maison de Noirmoutier, baignoire 1900 et vieux buffet décapé et repeint à la chaux se font face.

Dans l'ancienne remise à filets, transformée en chambre d'amis, d'une arcachonaise, le rouge est un parti pris : même les simples fauteuils de châtaignier ont été égayés d'un filet de peinture.

trême-Orient. Les compagnies se livrent une concurrence féroce. Le thé est en effet une denrée précieuse et il s'agit, à chaque saison, d'être le premier à rapporter sa cargaison. Cette concurrence joue aussi pour le transport des émigrants, que l'on n'hésite pas à séduire par le biais d'« encarts publicitaires ». La Black Ball Line de Liverpool, qui possède quatre clippers construits à Boston, le *Lighting*, le *Champion of the Seas*, le *James Baines* et le *Donald McKay*, décrit ainsi le *Lighting*, qui doit effectuer son premier voyage en Australie : « Les aménagements des cabines sont sans égal et comportent des lits, de la literie et tous les accessoires nécessaires, y compris le service d'un garçon de bord et d'une femme de chambre[9]. »

Ci-dessus
Cabine à deux couchettes à bord d'un steamer.
Gravure d'Henri Meyer, 1878.

En bas
Le commandant du Jacques-Cartier *dans sa cabine.*

Si les premiers clippers sont en bois, protégé par un doublage de cuivre, on commence, en 1850, à construire des trois-mâts composites, en fer et en bois. Le représentant le plus célèbre de cette nouvelle génération, le *Cutty Sark*, est encore visible aujourd'hui au National Maritime Museum de Greenwich, près de Londres. Construit à Dumbarton, en Angleterre, en 1859, il offre des superbes aménagements intérieurs véritablement conçus pour la navigation. Dans le salon, entièrement recouvert d'acajou, se trouve une armoire-desserte. Solidement fixée à la cloison, elle comporte des casiers antiroulis pour la vaisselle et la verrerie. La grande table d'acajou poli qui occupe le centre du salon est vissée au pontage par des tourillons de bronze. Les bancs placés de part et d'autre de la table sont dotés, eux aussi, d'un système tout à fait particulier. Leur dossier, une longue barre d'acajou mobile, possède des montants qui pivotent sur eux-mêmes, de telle sorte que le dossier peut être rabattu. Cela permet aux convives de s'asseoir sans avoir à se glisser entre bancs et table fixes. Cet ingénieux dispositif sera d'ailleurs employé pendant quelques décennies à bord des paquebots, de même que les fauteuils, dotés d'un piètement en fonte à pivot, au siège enveloppant en forme de coquille. Le capitaine dispose d'un fauteuil identique dans la chambre de veille, son domaine réservé. Trônant au milieu de la dunette, la chambre de veille est, sur certains grands voiliers au long cours, entièrement lambrissée d'acajou.

C'est là que se trouve la table à cartes, meuble marin par excellence. Elle a l'allure d'un buffet bas et comporte une série de profonds tiroirs auto-calants, assez plats, où se rangent les cartes nécessaires à la navigation. Le plateau qui la surmonte est rainuré afin d'accueillir le crayon, la gomme, le compas et tous les ustensiles nécessaires au tracé de la route du navire.

Comme ses contemporains, les vapeurs assurant un service régulier sur l'Atlantique Nord, et les premiers yachts de plaisance, le *Cutty Sark* est équipé de lampes à pétrole, fixées aux cloisons des coursives et des chambres ou montées sur cardan. En inventant, à la fin du XVIIIe siècle, la lampe à double courant d'air, protégée par une cheminée de verre qui ne se brise pas au contact de la flamme, le physicien genevois Argand a révolutionné l'éclairage à terre, mais aussi en mer. Les marins ne sont plus condamnés à surveiller leurs lanternes de suif, de cire ou de blanc de baleine, susceptibles, à tout instant, de provoquer un incendie. Les lampes se modifient également sur les ponts, à commencer par ceux des vapeurs transatlantiques dont le nombre croissant accentue les risques de collision. À l'initiative du Parlement, l'amirauté anglaise fait mettre au point un nouveau système d'éclairage bientôt adopté par toutes les nations. C'est ainsi qu'apparaissent, à côté des fanaux blancs, les fanaux rouges et verts destinés à indiquer la route du navire. D'après le journal *L'Illustration*[10], la Marine française fait appel à de nombreux industriels avant de porter son choix sur les fanaux de M. Létourneau : ses bougies, qui durent vingt-quatre heures, sont abritées dans de grosses lanternes « comme celles des voitures de luxe ».

Dans les années 1850, une nouvelle forme de navigation voit le jour grâce aux Anglais et aux Américains. En lançant, le 22 août 1851, une bataille navale dont l'enjeu est un ridicule pichet d'ar-

Ci-contre
Quatre petits pavois associant pavillons internationaux et codes des signaux, permettent de transmettre des messages.

En bas, à droite
Manuscrit du prince de Joinville. Douvres, 1857.

Page de droite
Dans un yacht-club du Maine, aux États-Unis, une collection de pavillons et de fanions laissés par les yachtmen de passage est accrochée au plafond de planches brutes comme autant de trophées.

KINGS POINT YC

Ci-dessus
Animant le montant du château avant du Batavia, *une tête de Neptune stylisée.*

À gauche
L'un des motifs traditionnels qui ornaient les vieux gréements.

À droite
Dans l'atelier, un motif du XIX*e siècle américain sert d'inspiration pour réaliser une frise.*

Dans un petit village du Finistère, le dernier sculpteur de marine en France taille encore dans des bois anciens, cèdre ou chêne, de belles figures de proue.

Page de gauche
Dans le port-musée de Douarnenez, les maîtres-charpentiers construisent une barque à fond plat nommée doris, que l'on l'emportait sur les grands bateaux de pêche pour aller relever les lignes et rapporter le poisson à bord.

gent, ils « lancent » un nouveau sport : le yachting. Comme l'explique Daniel Charles dans *La Coupe de l'America*[11], les premiers yachts engagés dans cette épreuve ne ressemblent en rien à des machines à voiles : « Les cabines d'*America* étaient tendues de soie, là où il n'y avait pas de panneaux en bois de rose ou en loupe de noyer. Les salons de *Galatea* étaient parsemés de souvenirs. Les tapis d'Orient étaient recouverts de peaux de léopard : le propriétaire, le lieutenant Henn, avait participé à l'expédition du *Globe* pour retrouver Livingstone, il s'était battu contre les esclavagistes de Zanzibar. Les cloisons de *Galatea* étaient en loupe d'érable encadrée d'acajou poli. Il y avait un feu ouvert. Il y avait des plantes en pot. »

À la même époque, à bord des bâtiments de la Royale, les conditions de vie demeurent spartiates. « Jusqu'en 1893, date à laquelle un décret décide de prévoir de meilleures installations sur les navires, les officiers subalternes sont logés d'une façon spartiate, explique Jean Randier. L'Administration fournit un lit de fer, une chaise, une armoire, une commode. Chacun, bien entendu, apporte une note de fantaisie à ce décor rigoureux, et c'est ainsi que l'on voit dans les chambres aussi bien des collections de souvenirs exotiques que des entrelacs de plantes grimpantes diverses, des tapis d'Orient et des miroirs[12]. » Le carré, un peu plus accueillant que les cabines, conserve un décor sommaire : à la veille de la Première Guerre mondiale, il comporte « une table à rallonges, des chaises paillées, un buffet, des

Ci-contre
Dans la chambre mansardée de cette maison de Noirmoutier, le rideau a été découpé dans la toile de bâche d'un voilier, et l'on a savamment joué d'un mélange de rayures.

canapés et des caissons pour les provisions. Tout ce mobilier est en noyer, car l'acajou, bois précieux, n'est réservé qu'aux officiers supérieurs[13] ».

Dans les dernières décennies du XIXe siècle, tandis que les bateaux de l'America deviennent de plus en plus rapides et de moins en moins confortables, une nouvelle activité nautique se développe : la croisière. Et là, pas question, notamment pour les riches familles de l'Angleterre victorienne, de renoncer à leur bien-être pour arriver plus vite. Pour leur tour du monde à bord du *Sunbeam* en 1875, lord et lady Brassey *emménagent*, avec quarante-trois personnes, dont quatre stewards, une stewardess, une bonne d'enfants et une femme de chambre. Même si leur bateau n'a pas tout à fait le volume de leur résidence londonienne, ils emportent tout ce dont ils pourraient avoir besoin, ou envie, entre deux escales. Vers le détroit de Malacca, profitant du calme plat, l'équipage effectue quelques rangements à bord : « On ouvrit aujourd'hui l'avant du navire, que l'on avait soigneusement clos, pour le purifier à l'aide de fumigations ; tout ce qu'il contenait fut jeté à la mer ou soumis à des lavages d'acide phénique. De ma vie, je n'avais jamais vu pareille collection d'objets ; le pont en était couvert, et l'on se demandait par quel miracle le contenu paraissait plus grand que le contenant. Outre les lits et les tables de huit hommes, il y avait quarante-huit oiseaux, quatre singes, deux cacatoès et une tortue, sans compter des cabinets japonais, des caisses de vêtements, des livres, de la porcelaine de Chine, des coraux, des coquillages et mille autres objets plus ou moins baroques[14]. »

Tous les grands yachts de l'époque ne transportent pas un tel attirail. Mais les yachtmen fortunés entendent profiter, à bord, de tous les avantages du confort moderne. Lorsqu'il décide de reconquérir, en 1898, la Coupe de l'America, Thomas Lipton, le magnat du thé, fait dessiner par l'architecte écossais William Fife Jr une authentique bête de course : il faudra quarante équipiers pour manœuvrer les 1 200 mètres carrés de voilure de *Shamrock I*. Pour l'accompagner à New York, en le remorquant dès que le vent se lève,

Ci-dessus
Cordages sur un vieux gréement, le Corto-Maltese.

À gauche
Fanal de route, dont on se servait sur les bateaux pour les signaux de nuit. C. Quenard, XXe siècle.

Ci-dessous
Le pont du Jacques-Cartier.

Double page suivante
Cet ancien abri à charrettes a conservé ses portes cochères d'origine comme éléments de décor. La grande baie vitrée laisse entrer la lumière et l'odeur des embruns.

Ci-dessus
La chambre d'une petite maison bretonne est coiffée, en guise de ciel de lit, d'un parasol de plage en toile et teck.

En bas
Avec son prolongement tapissé de coussins, la baignoire de la salle de bain d'une maison de l'Oxfordshire prend des allures de lit de repos.

Page de droite
En Cornouailles, dans un élégant hôtel pensé comme une maison privée, seuls le tapis, les fauteuils de cuir et les anciennes rames apportent de la couleur à la salle de bain d'une simplicité monacale.

et suivre les épreuves dans les meilleures conditions, le milliardaire irlandais fait l'acquisition d'un yacht à vapeur de quatre-vingt-cinq mètres qu'il rebaptise *Erin*. À l'intérieur, ce ne sont que fauteuils tendus de soie à fleurs, canapés de cuir orné de gros boutons, lits à baldaquin et tapis d'Orient, sans oublier un piano, sur lequel Lipton s'essaie à faire quelques gammes.

Sur les unités plus petites, l'aménagement est plus sommaire, mais les premiers amateurs de croisière ont néanmoins le sens du confort. Dans un ouvrage de 1891, un certain Philippe Daryl brosse un portrait-type du yacht qu'il conclut en ces termes : « Dans l'office, chaque pièce de vaisselle doit avoir sa place assurée, de manière à ne pas souffrir du roulis. Des tablettes inclinées à 45 degrés, des rateliers découpés sont fixés aux parois. On se trouvera bien de choisir des carafes et des flacons de forme carrée[15]. »

En 1892, un plaisancier français, Xavier Schelcher, part faire le tour de la Grande-Bretagne, de l'Écosse et de l'Irlande. Dans son journal de bord, il donne quelques détails sur les aménagements intérieurs du *Medge*. La chambre du propriétaire, qui comporte deux lits ornés de boiseries vieux chêne, est tendue de tissu havane. Dans le salon bleu et ivoire trônent deux grands canapés-lits aux boiseries de teck verni. Quant au cabinet de toilette, il a des parois en pitchpin. Mais à bord du *Medge*, on vit vraiment comme dans un bateau. Lorsque entre Aberdeen et Édimbourg, dans une mer formée, les provisions de bière locale dégringolent, le skipper prend la décision qui s'impose : « Le moyen le plus simple de déjeuner sans faire subir au reste de la vaisselle le sort des bouteilles de stout est de nous asseoir sur le pont. Chacun s'installe dans son coin, adossé à l'abri du vent, un pliant entre les jambes : comme le grand monde, nous soupons par petites tables[16]. »

Ailleurs, sur l'eau, on se prépare aussi à passer à table. Dans la salle à manger de première classe du *Scot*, par exemple, décorée et meublée en sycomore et bois de rose, le couvert est mis pour cent quatre-vingt-dix personnes. Car le XIXe siècle ne voit pas seulement naître la plaisance. Il invente aussi une nouvelle race de bateaux, aux lignes et aux décors inouïs : les paquebots.

Architectes et décorateurs ont fait des grands transatlantiques

de véritables palaces flottants. Les intérieurs de ces paquebots,

délires de luxe et de confort, sont interprétés

par les designers actuels pour des décors plus sobres.

l'esprit paquebot

A B C D E F G
K L M N O P
U W X Y Z
3 4 5

Double page suivante
Au sud du Devonshire, le fumoir d'un hôtel de la fin du XIXe siècle a été remeublé dans le style « paquebot ».

Ci-dessus
Affiche de Jean Colin pour les croisières Paquet.

Page de gauche
Dans le grenier d'une malouinière, gros plan sur les collections du propriétaire : anciens bagages bien cirés, exercices de matelotage encadrés autour du portrait de son auteur, et pavillons du code international bien rangés dans leurs poches.

En bas
*Première traversée de l'*Île-de-France *en 1927. L'arrivée dans un appartement de luxe.*

Le 1er janvier 1841, le port de Liverpool est en effervescence. Le *Britannia*, premier vapeur à roues de la compagnie Cunard, s'apprête à mettre le cap sur l'Amérique. Cela fait trois ans seulement qu'un service de vapeurs permet aux Européens de rallier le Nouveau Monde, et chaque départ engendre, chez ceux qui partent comme chez ceux qui restent, un sentiment étrange, fait d'excitation et d'angoisse mêlées. Le chargement est interminable. D'abord, des montagnes de charbon : le *Britannia* en consomme près de quarante tonnes par jour. Ensuite, des monceaux de papiers et de colis : c'est pour acheminer le courrier que Samuel Cunard – qui exploite le *Britannia* et trois autres navires en bois – a fondé, l'année précédente, sa compagnie de navigation. Enfin, une fois l'attirail nécessaire à trois semaines de mer entreposé dans la longue coque noire de soixante-trois mètres, les passagers commencent à s'installer. Si le bateau peut en accueillir cent dix, ils ne sont, cette fois-ci, que soixante-dix à bord, dont le célèbre écrivain britannique Charles Dickens et son épouse. Dans *Voyage en Amérique*[1], l'auteur d'*Oliver Twist* évoque sa traversée comme un cauchemar. Dès le troisième jour en effet, le temps se gâte au point que madame Dickens s'affole. Elle appelle son mari, qui se réveille en sursaut : « Je me redresse et examine les alentours de la couchette, raconte-t-il. Le pot à eau plonge et bondit comme un jeune dauphin ; les petits objets usuels flottent encore, sauf mes chaussures échouées sur un sac à tapisserie, haut et sec, comme une paire d'allèges à charbon. Tout à coup, je les vois sauter en l'air tandis que le miroir, accroché à la paroi, se colle au plafond. Au même moment, la porte disparaît totalement tandis qu'une autre s'ouvre dans le plancher. Alors, je commence à comprendre que notre cabine de luxe a la tête en bas. »

L'ouverture de lignes régulières de navigation, au milieu du XIXe siècle, multiplie les voyages maritimes sur toutes les mers du globe. Pour les terriens qui vont, par milliers, embarquer sur les paquebots, l'expérience est parfois exaltante, souvent douloureuse, en particulier lorsqu'il s'agit de voya-

RAIN CHANGE
STORMY
H.M.S.
AMETHYST

ger en troisième classe. D'autant que les armateurs ne demandent pas à leurs architectes-décorateurs d'imaginer des aménagements « marins ». Il n'est pas question d'effrayer les candidats à l'aventure : moins ils se croient sur l'eau, mieux c'est. C'est ainsi qu'à bord de l'*Atlantic*, lancé par la Collins Line en 1850, on déploie des trésors d'imagination pour supprimer toute connotation maritime : « Les puits d'aération en vitrail qui relient le grand salon au pont ont une forme de cheminée et sont protégés par un treillage de laiton. Ces aérateurs sont construits de telle sorte qu'ils font pénétrer à la fois l'air et la lumière. Ils sont fermés au sommet par des plaques de verre transparent qui laissent passer la lumière, mais pas la pluie, tandis qu'à leurs pieds, des trappes peuvent être ouvertes ou fermées pour laisser l'air pénétrer. Lorsqu'ils sont illuminés le soir par des lampes suspendues à l'intérieur, l'effet est absolument superbe[2]. »

Les décorateurs des premiers paquebots n'ont visiblement aucune idée de ce qu'est la navigation par gros temps. Le 2 juillet 1859, l'entreprise Smee and Sons, de Londres, est chargée par la Great Ship Company d'aménager les installations intérieures du *Great Estern*, ex-*Leviathan*, le premier des « géants des mers » avec ses 207,4 mètres de long sur 25,3 mètres de large. Les délais sont dramatiquement serrés : tout doit être achevé en un mois. Smee and Sons réussit à honorer la commande dans les temps, ou presque, réalisant notamment trois salles à manger, des centaines de cabines pour les passagers de première et de seconde classe et un immense

À gauche
Cabine de famille à l'intérieur d'un paquebot sous l'Empire.

Ci-dessous
Ce mini-dressing s'inspire de la malle-cabine spécialement conçue pour les voyages en bateaux.

Page de droite
Toujours dans le Devonshire, détail d'une chambre avec sa coiffeuse en loupe d'orme, accompagnée de son tabouret. Typique de ce genre de mobilier, le miroir rond s'incruste dans la courbe du bois, et les poignées des tiroirs sont en ivoire.

4

Page de gauche
Ouverte sur la baie de St Mawes, en Angleterre, cette salle de bain est peinte dans un bleu délicat rejoignant celui du ciel.

Ci-dessus
Cabine de première classe dans un steamer.

À droite
À la pointe du Croisic, un ancien fort a été transformé en hôtel de charme. Au sol de l'une des salles de bain lumineuses, le granit poli s'allie parfaitement au carrelage rétro.

salon entièrement lambrissé. Le 17 juin 1860, le vapeur quitte Liverpool pour son voyage inaugural à destination de New York, avec seulement quarante passagers à bord. Une gravure d'époque montre le salon dans la tempête : il valse d'un bord sur l'autre, tables, fauteuils et sofas se retrouvent sens dessus dessous, et les passagers sont bringuebalés dans toute la pièce, faute de pouvoir se raccrocher à quoi que ce soit.

Jusqu'en 1870, les passagers demeurent confinés à l'intérieur des coques. Même si les hublots existent déjà, ils brillent plus par leur rareté que par leurs cuivres. L'*Oceanic*, de la jeune White Star Line, est le premier paquebot doté d'un grand salon éclairé naturellement, et sur toute sa largeur, par des hublots circulaires. C'est aussi le premier sur lequel apparaissent les fauteuils séparés : auparavant, les salles à manger ressemblaient à des réfectoires de pensionnat, avec leurs longs bancs interdisant aux passagers de se déplacer une fois assis. Deux ans plus tard, un autre bâtiment de la White Star, l'*Adriatic*, est le premier paquebot de ligne sur l'Atlantique Nord à bénéficier d'un éclairage au gaz. Les trois cornues de distillation installées dans un gazomètre à côté de la salle des machines permettent d'alimenter trois cents becs de gaz. Mais les jours de l'éclairage au gaz à bord des paquebots sont comptés : la dynamo a été inventée en 1871 et la lampe électrique à incandescence voit le jour vers 1878, grâce à Thomas Edison. Dès 1881, le *Servia* de la Cunard, devenue l'une des plus grandes compagnies de navigation, sera entièrement éclairé à l'électricité.

Luxe et vitesse sont les deux préoccupations des compagnies de navigation. Sur l'Atlantique Nord, elles se livrent à une compétition féroce pour décrocher le record, baptisé « Ruban bleu ». L'*America* de la National Line, qui le remporte en 1884, est l'un des premiers paquebots d'acier. Il ne lui faut que six jours, quinze heures et vingt-deux minutes pour rallier New York au départ de Cobh, en Irlande du sud. Signe des temps, les mâts se réduisent, les voiles disparaissent : on navigue désormais à toute vapeur. Quant aux passagers, tout du moins ceux des premières classes, ils bénéficient

d'aménagements de plus en plus sophistiqués. Le *City of Richmond* de la compagnie anglaise Inman Line a donné le ton en 1873 : son grand salon de 172 mètres carrés est lambrissé en loupe d'érable et les cabines disposent d'eau chaude et d'une sonnette électrique.

Sans doute rassurés par cet étalage de luxe, les passagers commencent à se risquer sur les ponts. Là, ils s'installent dans des fauteuils en rotin ou sur des tabourets pliants tendus de tissu, jusqu'à ce qu'apparaisse la fameuse chaise longue restée dans les annales sous le nom de « transat ». Toutes les photos d'archives la montrent et tous les textes la mentionnent, mais c'est à un récit de 1888 qu'il faut se référer pour trouver des indications précises sur sa provenance. Dans *Histoire d'un paquebot*[3], Louis Tillier et Paul Bonnetain, dont l'un est marin, et l'autre peintre, racontent en détail une croisière à bord du *Malacca*. Ce bâtiment des Messageries maritimes est doté de l'un de ces grands ponts de teck qui commencent à se multiplier à bord des paquebots sous le nom de « pont-promenade ». « Après le petit déjeuner, écrivent-ils, la recherche des fauteuils commençait. Chaque passager emporte en effet avec lui l'une de ces longues chaises longues en rotin qu'on fabrique à Hong-Kong, Saigon ou Batavia spécialement pour l'usage du bord. Il en est de tous les types, de toutes les formes et, quoique des discussions fort longues et bien approfondies paraissent avoir épuisé le sujet, il semble encore impossible de savoir, à entendre chacun, quel est le modèle le plus confortable. »

En lattes de teck et rotin, ou entièrement en teck, doté de charnières de cuivre, le transat est l'accessoire emblématique de la croisière en paquebot. Cela n'a rien d'étonnant, puisque la plupart des meubles apparus à cette époque sur les ponts ou dans les cabines n'ont pas une vocation spécifiquement maritime. Comme l'explique Jean Randier[4], « le *butler tray* traditionnel des coursives, *tea time* des paquebots, n'est autre que le plateau (*tray*) du

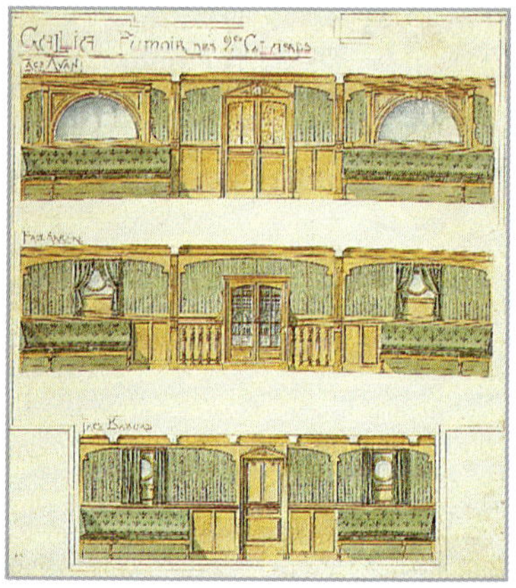

Ci-dessus
Planche représentant le fumoir de deuxième classe du paquebot Gallia.

À gauche
Élégants passagers à bord du transatlantique Champlain *en 1934.*

Page de droite
Dans le salon en rotonde donnant sur le jardin de cet hôtel anglais, un ensemble de fauteuils Lloyd Loom est éclairé par une exceptionnelle verrière en queue de paon.

FIRE EXIT

majordome (*butler*) des manoirs anglais, accaparé par la marine ». Quant aux malles-mobilier, elles prennent la mer parce que les coloniaux britanniques, civils et militaires, les embarquent pour « recréer leur sweet home à bord, au cours d'interminables croisières ».

Si les premières classes disposent d'un luxueux mobilier de bord, il n'en va pas de même pour les passagers moins huppés. En 1928, le jeune écrivain britannique Evelyn Waugh, dont le premier roman, *Le Déclin et la Chute*, a reçu un accueil très favorable, décide de prendre des vacances. Son agent lui obtient deux billets gratuits à bord d'un paquebot norvégien, le *Stella Polaris*, et il part en croisière en Méditerranée avec sa femme, atteinte d'une forte rubéole. Après s'être attardé en Égypte, l'écrivain embarque sur le *Ranchi*, un bateau de la P&O, pour rejoindre à Malte le *Stella Polaris*. Ayant sérieusement entamé son pécule, il opte pour la deuxième classe. Après un départ sans problèmes, la mer forçit, et Waugh enrage en découvrant une nouvelle facette de la croisière en paquebot. La seconde classe déborde en effet de femmes d'officiers de l'armée des Indes, flanquées d'une abondante progéniture : « Le salon et le fumoir étaient propres, bien décorés, etc., mais ils étaient toujours absolument pleins. Sur le pont, pas de chaises longues, sauf celles que les passagers s'étaient procurées eux-mêmes. Les trois ou quatre endroits où l'on pouvait s'asseoir étaient invariablement encombrés par des mères qui faisaient des choses affreuses à leurs enfants avec des pots de vaseline. On ne pouvait même pas se dégourdir les jambes tant le pont-promenade était encombré[5]. »

Alors que les conditions de vie à bord évoluent lentement pour les secondes et troisièmes classes, on conçoit, pour les premières, des décors de plus en plus luxueux. Quelques détails suffisent à imaginer le degré d'extravagance qu'atteignent, au début du XXe siècle, les grands paquebots transatlantiques. À bord de l'*Amerika*, le premier navire de sa compagnie Hamburg-

Page de gauche
Salon ovale du paquebot Atlantique, *en 1930.*

En haut
Milieu de table de la Jeanne d'Arc, *manufacture de Sèvres, 1925.*

En bas
La grande salle à manger du Normandie *en juin 1935. Les revêtements muraux en verre sont de Labouret et les luminaires signés Lalique.*

Amerika, le capitaine d'industrie Albert Ballin décide d'installer un restaurant Ritz-Carlton. Le décorateur Charles Mewès, qui a conçu les Ritz de Paris et de Londres, adapte parfaitement le style « grand hôtel » au paquebot. Vue de la salle à manger, la mer n'existe même plus : les hublots sont habillés de courts rideaux de satin... Ballin donne à nouveau carte blanche à Mewès pour l'*Imperator*, lancé peu de temps avant la Première Guerre mondiale. Le paquebot est doté, entre autres, d'une immense piscine d'eau de mer intérieure. Dans le prolongement de ce bassin, une pièce reproduit les installations thermales de Contrexéville.

Les autres grandes compagnies ne sont pas en reste. La Cunard dote le *Lusitania* d'une salle à manger Louis XVI, tandis que le *Mauretania* hérite d'un fumoir Médicis, d'une salle à manger Renaissance, et, dans son salon, de colonnes inspirées de celles du petit Trianon. L'*Olympic* de la White Star, sister-ship du *Titanic*, comporte des suites Empire et des chambres George V. Quant au *France* de la Compagnie générale maritime, même s'il est plus petit que ses concurrents, il peut s'enorgueillir de l'escalier de son hall d'accueil, copie miniature de celui de la Bibliothèque nationale, de sa salle à manger Louis XIV, de son salon mauresque, ou encore de ses appartements Directoire.

L'ère des anthologies flottantes ne s'achève qu'en 1925. Cette année-là, une grande exposition des arts décoratifs et industriels est organisée à Paris. Frappé par le travail de certains exposants, le président de la Compagnie générale transatlantique, John dal Piaz, décide de faire appel à eux pour aménager ses futurs navires. Il recrute notamment Pierre Patout, dont le « Pavillon d'un collectionneur » constitue l'un des fleurons de l'exposition, Henri Pacon, et le maître-verrier René Lalique. Le premier paquebot qu'il leur confie, l'*Île-de-France*, construit à Saint-Nazaire, aux chantiers du Penhoët, mesure 241,6 mètres. C'est le plus grand de la flotte mondiale d'après-guerre. Rompant radicalement avec l'accumulation de références historiques qui caractérisaient jusque-là les aménagements des paquebots, Pierre Patout conçoit, sur trois ponts, une salle à manger dont l'architecture épouse les

Ci-dessus
La piscine du paquebot Pasteur.
Aquarelle de J. Simon, 1929.

En bas
Jeu de palet sur un bateau à vapeur effectuant une traversée transatlantique vers 1886-1887.

Page de droite
Élégante assemblée sur un bateau de croisière, vers 1935-1939.

Double page suivante
La grande baie vitrée du salon de cet appartement ouvre sur la mer du Nord. L'architecture minimaliste met en valeur le parquet de chêne cérusé et les fauteuils couleur café.

formes du navire. Henri Pacon fait de même pour le fumoir, qui bénéficie d'un éclairage naturel. Le salon de thé, lui, est illuminé par quatorze fenêtres. Certes, l'éclectisme règne à bord, comme en témoignent les décors tous différents des cabines de première classe et des suites de luxe, la surabondance de statues, de sculptures et de bas-reliefs, ou le grand étalage des fers forgés. Mais, en dépit de son manque d'harmonie et de ses surcharges, l'*Île-de-France* est le premier paquebot à assumer pleinement sa modernité.

Avec lui, une nouvelle conception du luxe voit le jour, qui se développera dans les années trente. Les décorateurs s'efforceront désormais de faire de chaque paquebot une œuvre unique, à la fois hardie et fonctionnelle. L'architecte allemand Fritz August Breuhaus de Groot, chargé par la Norddeutscher Lloyd de coordonner les aménagements du puissant *Bremen*, qui sera lancé en 1929, exclut d'entrée de jeu d'en faire un palace flottant. « Pour la première fois depuis le *Vaterland* de 1913, soulignent John Malcolm Brinnin et Kenneth Gaulin, les décorateurs disposèrent d'une superstructure ouverte, grâce à une subdivision des conduits de cheminée, et d'un espace ininterrompu de l'étrave à l'étambot. Ils profitèrent de cet avantage pour faire ressortir les lignes de la structure et les harmoniser avec l'aménagement intérieur. Le motif particulier du grand salon du *Bremen*, un ensemble de hautes fenêtres cintrées où passait la lumière du jour, fut repris dans tout le bateau, que ce fût par des arcs de cuivre rutilant ou par les lignes circulaires des objets et des dômes. Le *Bremen* avait ainsi retrouvé un caractère purement marin qui s'opposait au confort douillet des bateaux anglais, à l'allure de palais de cinéma des bateaux italiens et à l'ambiance de hall de grand hôtel des bateaux new-yorkais[6]. »

Ci-dessus
Comme une sculpture érigée en pleine nature, près du port du Guilvinec, en Bretagne, une extraordinaire construction, toute de bois, de verre et d'acier, dont les lignes effilées rappellent celles d'un bateau, a été imaginée par l'architecte Christophe Ducharme.

À gauche
À Saint-Barthélémy, la pointe de cette villa en forme de paquebot semble fendre la mer.

Page de droite
On se croirait sur le pont supérieur d'un paquebot : le salon de cette villa à Noirmoutier donne de plain-pied sur la piscine ronde, protégée du vent par son jardin de rocaille.

À première vue, le « caractère marin » n'est pas le souci majeur des décorateurs du *Normandie*, le plus mythique des grands paquebots, lancé en 1935. La Compagnie générale transatlantique a fait appel à quatre architectes pour aménager ce superbe monstre de 310 mètres construit aux chantiers du Penhoët. Tandis que le duo formé par Roger-Henri Expert et Richard Bouwens prend en charge la plupart des grands volumes, le fameux tandem de l'*Île-de-France*, Pierre Patout et Henri Pacon, conçoit le hall principal et la salle à manger, ainsi que le plan de la chapelle, de la piscine et des escaliers.

Louis-René Vian, l'un des plus fins connaisseurs français du « style paquebot », consacre un très long chapitre au *Normandie* dans son ouvrage intitulé *Les Arts décoratifs à bord des paquebots français*[7]. Il le décrit comme un véritable chef-d'œuvre. Dans le grand salon, orné d'immenses verres gravés de Jean Dupas, illustrant les différents âges de la construction navale, dix fenêtres de six mètres de haut permettent de voir la mer, par delà le pont-promenade. Le café-grill, décoré par Marc Simon, et doté, à l'origine, de dix-sept baies panoramiques ouvrant sur une vaste terrasse, marie le marbre noir, le cuir fauve et le chrome. Les deux appartements de grand luxe, baptisés Deauville et Trouville, qui le dominent sont dotés de larges terrasses privées auxquelles on accède par des baies vitrées. Les cabines « ordinaires » des premières classes mettent tous les styles à l'honneur. Lors du Salon d'automne de 1934, l'Office technique pour l'utilisation de l'acier avait demandé à quatre architectes, Barbe, Gascoin, Herbst et Mallet-Stevens, de concevoir des cabines de paquebot. Curieusement, la Compagnie générale transatlantique ne s'est pas intéressée à ces prototypes. C'est à Blanche Klotz et Lucie Renaudot qu'elle a confié le soin de réaliser quelques cabines high-tech, tout métal.

L'espace le plus spectaculaire du *Normandie* est sans aucun doute la salle à manger des premières classes. D'une superficie de mille mètres carrés, elle peut accueillir sept cents convives. Située au cœur du bateau, sur huit mètres de hauteur, elle ne dispose d'aucune ouverture sur l'extérieur. Et pourtant, c'est une cathédrale de lumière. René Lalique s'y est surpassé, en

Ci-dessus
Farniente au fort du Croisic : côté solarium, les chaise longues en teck ont été alignées face à l'océan.

Ci-dessous
À bord d'un paquebot, distraction pour les enfants.

Page de gauche
Affiche de René Gruau, qui sait si bien croquer les jolies femmes (1961).

Gruau
relax...
Compagnie Maritime des
CHARGEURS REUNIS

combinant différentes sources d'éclairage. Les côtés de la pièce sont dotés de trente appliques monumentales de plus de quatre mètres de haut, ainsi que huit autres, d'environ deux mètres. Le centre accueille six énormes cylindres en forme de pyramide. Enfin, deux lustres géants sont suspendus dans les accès. La luminosité est encore accentuée par les murs de verre opaque, constitués de six mille dalles dont chacune a été ciselée par Labouret, jusqu'à obtenir un effet « diamant ».

Ci-dessus
Le pont des passagers sur L'Augusta Victoria *au début du siècle.*

Par delà cette débauche d'effets, cet étalage de splendeurs, le *Normandie* s'offre le luxe suprême de demeurer un bateau. Cela se voit ou se devine, à des détails qui font toute la différence entre un hôtel de luxe et un grand paquebot. Ainsi, les hauts panneaux d'affichage en hêtre massif installés un peu partout à bord ont des socles lestés. Dans les 45 000 pièces d'argenterie de la ligne « Transat » conçue par Christofle, les récipients sont dotés d'une solide assise afin de résister au roulis et au tangage. Les sept cents fauteuils de la salle à manger sont tous équipés de ridoirs extensibles, qui permettent de les fixer au sol en cas de mauvais temps. Sur d'autres fauteuils, les pieds sont en sabre à l'avant, et arc-boutés à l'arrière, ce qui leur garantit une grande stabilité. Même les assises sont étudiées pour résister à la corrosion. « En examinant un coussin endommagé, raconte Louis-René Vian, j'ai découvert que chacun des ressorts de cuivre était enfermé dans un petit sachet, pour mieux le protéger. »

Cet « esprit marin », aussi discret que raffiné, se retrouve dans les cabines du *Normandie*. Là encore, tout est conçu pour que les passagers bénéficient des avantages de la mer sans en subir les inconvénients. « Dans les quatre cent cinquante cabines de première classe, poursuit Louis-René Vian, les baignoires sont équipées non seulement en eau douce, mais également en

Page de gauche
À la pointe du Finistère, dans une villa construite sur le modèle d'un grand paquebot, l'architecte a conçu le salon comme un loft, ouvert sur le jardin par une grande façade de verre.

Ci-contre
Le paquebot Paris.

Double page suivante
Reliant deux corps de bâtiments de la maison-paquebot, la passerelle en iroko révèle une impeccable perspective. Une maquette de dundee thonier breton aux voiles bicolores vient rompre ces lignes avant-gardistes.

Page de gauche
Le couloir desservant les chambres de cet hôtel a été conçu et décoré comme les étroites coursives des grands paquebots.

Ci-dessus et ci-contre
Deux salles de bain bien pensées : des douches jumelles sont séparées par des portes battantes en chêne verni. Et, à Dinard, un charpentier de marine a réalisé ce sol en teck et les colonnes des lavabos, simplement posés sur un plateau de granit Juparana.

Au Cap-Ferret, dans la chambre d'un hôtel où le bois prédomine, on s'imaginerait volontiers dans la luxueuse cabine d'un paquebot. La modernité est apportée par le sol en jonc de mer.

eau de mer chaude et froide. Deux savons différents, sur lesquels le monogramme de la compagnie est coulé en relief, sont à la disposition des passagers : l'un pour l'eau douce et l'autre, pour l'eau salée. Quant au mobilier de ces cabines, il est parfaitement adapté à la navigation, même par gros temps. Les portes des armoires sont dotées d'un système qui les maintient ouvertes à 90 degrés. Ainsi, même si la mer est forte, on peut attraper son smoking ou décrocher sa robe du soir sans risquer de recevoir le battant sur le nez. Les étagères ont des rebords, ainsi que la table de nuit, de telle sorte que la chemise de soie, le collier de perles ou encore le flacon de parfum ne glissent pas... »

Le *Normandie* ne va pas régner très longtemps sur l'Atlantique. En 1939, la guerre interrompt sa carrière. Après la défaite de la France, en 1941, la Commission américaine des affaires maritimes le saisit et le transfère à l'U.S. Navy. Mais alors que le paquebot, destiné à devenir un bateau de transport de troupes, est en chantier à New York, un incendie se déclare à bord. Sous les masses d'eau déversées par les pompiers, il sombre le long du quai. Renfloué, il n'échappera pas, en 1946, à la démolition. D'autres paquebots, bien sûr, continueront à courir les mers, et il s'en construira de nouveaux pour prendre leur relève. Mais le naufrage du *Normandie*, amorce le déclin, sur les mers, d'un style dont il incarnait l'apogée.

Le style paquebot a fasciné de grands architectes, et, en premier lieu, Charles-Édouard Jeanneret-Gris, dit Le Corbusier. Au début des années vingt, il publie dans la revue *L'Esprit nouveau* une série d'articles. Réunis en 1923 dans l'essai intitulé *Vers une architecture*[8], ces textes sont à la fois un manifeste et un plaidoyer pour une architecture qui soit l'expression de son époque. Le Corbusier y multiplie les références aux produits de l'industrie, et consacre un chapitre entier aux grands transatlantiques. Il illustre son propos de plusieurs photos qu'il légende à l'intention des architectes. Ce n'est pas le style des bateaux qu'il s'attache à mettre en valeur, mais plutôt la façon dont s'équilibrent les masses, les volumes, les surfaces et la lumière. Il s'émerveille, par exemple, devant le salon-bar donnant sur la mer de l'*Aquitania* : « Un mur tout

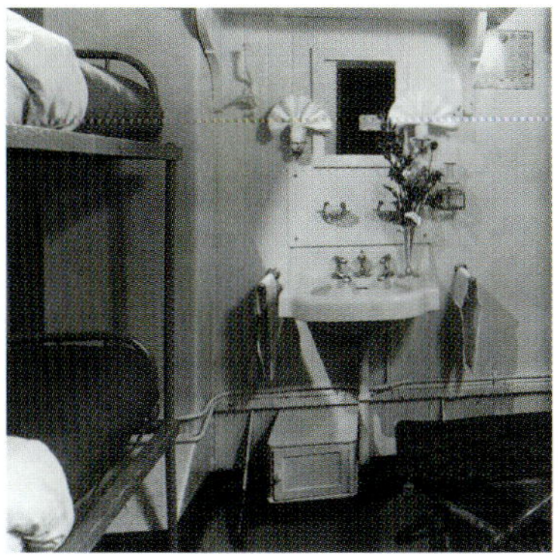

Ci-dessus
Vue d'une cabine de troisième classe, à bord d'un grand paquebot en 1934.

En bas
Un modèle exposé lors du neuvième Salon nautique international en 1935 : la cabine de 3ème classe d'un paquebot, conçue par Mallet-Stevens.

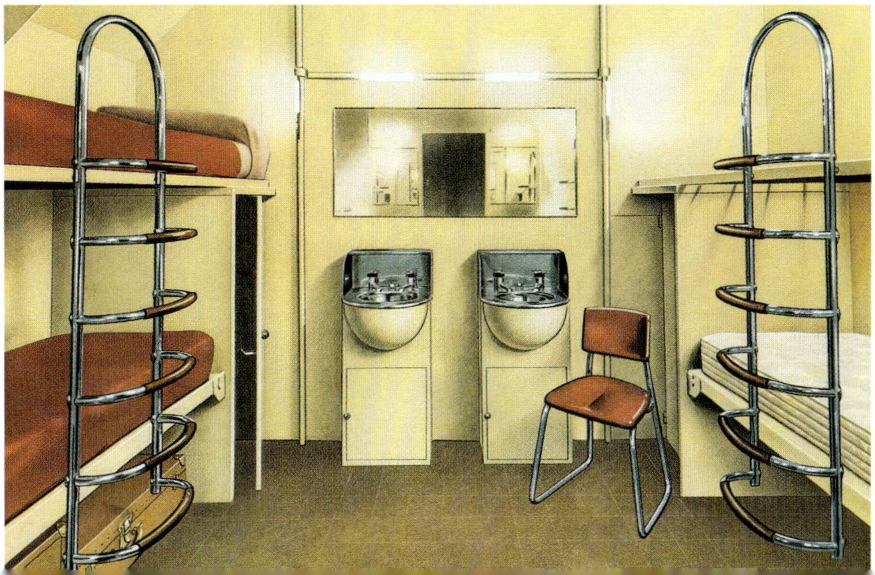

Double page suivante
Une architecture inattendue dans la campagne bretonne : ronde et douce, la carapace extérieure, en cèdre rouge, d'un bâtiment aux lignes très pures strié de bois et de zinc.

en fenêtres, une salle à clarté pleine. Quel contraste avec nos fenêtres de maison qui trouent un mur en déterminant de chaque côté une zone d'ombre rendant la pièce triste et faisant paraître la clarté si dure que des rideaux sont indispensables pour tamiser et effacer cette lumière. »

Si l'immeuble construit dans les années trente par Patout, boulevard Brune, évoque indiscutablement un paquebot, de même que le petit casino de Dinard, qui semble flotter au bord de la plage, dans l'imaginaire architectural, le « géant des mers » apparaît, le plus souvent, sur le mode de la métaphore. L'un des bâtiments emblématiques des années trente, le sanatorium de Paimio, construit par Alvar Aalto, est doté de longues coursives. Il domine un océan de sapins. Le grand architecte finlandais transforme ainsi la cure en croisière au long cours. C'est une allusion du même type que pratique Jean Nouvel à travers la clinique de Bezons, construite au milieu des années soixante-dix, et qui va faire de lui un architecte en vue. « De longues horizontales rythmées donnent au bâtiment une touche *streamline*, explique Olivier Boissière[9]. La clinique présente des ouvertures aux allures de hublots, des mâts et des coursives ; les chambres offrent une hospitalité et un confort efficaces avec leurs accessoires d'acier et leurs boiseries de paquebot de croisière. » D'autres bâtiments récents évoquent le transatlantique dans ce qu'il a de spectaculaire. C'est le cas, par exemple, du Centre national de la science et de la technologie, édifié à Amsterdam par Renzo Piano. À mi-chemin entre le cargo et le paquebot, ce bâtiment dresse vers le ciel une proue recouverte de cuivre.

Il serait cependant absurde de considérer que l'architecture contemporaine recrée le style paquebot. Elle s'en inspire parfois, mais le plus souvent, elle le revisite et le réinvente. D'une certaine manière, elle suit les préceptes de Le Corbusier, qui découvrait voici cinquante ans, dans la carène du *Lamoricière*, « des formes neuves d'architecture, des éléments à l'échelle humaine, vastes et intimes, la libération des styles étouffants, le contraste des pleins et des vides, des masses fortes et des éléments graciles[10] ».

Ci-dessus
Menu du dîner du 5 juillet 1890 servi sur le paquebot Cyrnos *à destination de la Corse.*

En bas
La première traversée du paquebot français Atlantique *vers l'Amérique du Sud en octobre 1931. Dans le grand salon, au premier plan, une sculpture de Raymond Révoire.*

Page de droite
On se croirait vraiment sur le pont d'un paquebot ! La baie vitrée ouverte sur la mer laisse apparaître la sobriété de l'architecture de bois et métal de cette villa flamande.

SUPPER
TOAST

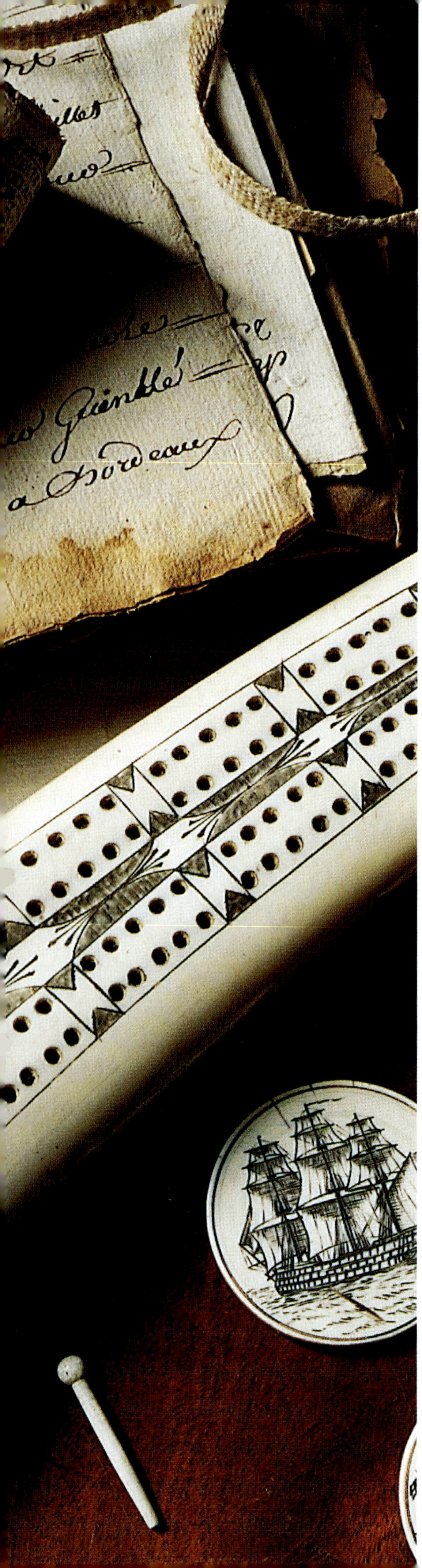

Dents de baleine délicatement gravées,
maquettes finement ciselées, modèles réduits patiemment
mis en bouteilles, ces souvenirs marins sont souvent
de véritables œuvres d'art.

travaux de matelots et jouets des flots

En 1875, un jeune matelot américain de dix-huit ans, Franck Bullen, embarque à bord du baleinier *Le Cachalot*, commandé par le capitaine Slocum. Ce n'est pas sa première expédition, puisqu'il navigue depuis l'âge de douze ans, mais c'est sa première grande chasse. Elle va le mener d'un bout à l'autre de l'Atlantique, et durera quarante mois.

Dans *La Croisière du Cachalot*[1], Bullen raconte les interminables journées passées à guetter les proies, les périlleuses poursuites menées par les harponneurs à bord des chaloupes, les heures exténuantes consacrées au dépeçage. Il décrit aussi les loisirs des marins, et en particulier cette activité très particulière baptisée « scrimshaw », qui appartient en propre aux baleiniers : « Après le dépeçage d'un cachalot capturé au large de Trinitad, [...] le grand maxillaire fut scié et laissé à la disposition de ceux qui voulaient prendre un morceau d'os pour le ciseler. [...] Notre charpentier, maître dans l'art de fabriquer ces objets, se mit aussitôt à l'ouvrage et façonna l'une de ces cannes dont le modèle courant ressemble à un cordage que l'on aurait congréé avec un petit filin dans les intervalles des torons. La poignée était ciselée dans une dent de baleine ; des incrustations de fanons, d'argent, de noix de coco ou d'ébène achevaient d'agrémenter l'ouvrage. » Le terme scrimshaw désigne en même temps la confection d'objets en fanons, défenses, dents et os de baleines, cachalots ou morses, et ces objets eux-mêmes. D'après Stuart M. Franck, directeur du Kendall Whaling Museum de Sharon, dans le Massachusetts, et spécialiste mondial de cet art populaire, les premiers scrimshaws réalisés à bord de baleiniers datent du XVIIe siècle[2]. On a en effet retrouvé plusieurs spécimens de boîtes à musique fabriquées par des marins hollandais et frisons, ainsi qu'une paire de coffrets jumeaux richement décorés, qui auraient été confectionnés en 1631 par un capitaine de Rotterdam.

Ci-dessus
Une girouette déploie ses voiles de métal érodé par les vents, devant le phare de la Gros-Cap, au Québec.

En bas
Vaisseau ex-voto breton, travail anonyme datant du XVe siècle.

Page de droite
Dans un restaurant en forme de bateau de pêche, à La Rochelle, les fruits de mer sont servis dans un décor marin.

Double page précédente
Précieux travaux du XVIIIe siècle issus du navire anglais Lapwing *: un marqueur de jeu de cartes fait dans une dent de morse et des boutons d'uniforme taillés dans l'ivoire côtoient des parchemins datant de 1762.*

MESSAGERIES
MARITIMES
INDE
INDOCHINE
EXTRÊME-
ORIENT
AFRIQUE
ORIENTALE
TRANSATLANTIQUE
H6

AU BON VIN
&
FORT VINAIGRE

N E W S
Islands' Oceans

Double page précédente
En leur temps, ces maquettes fabriquées par les ouvriers des arsenaux étaient de simples modèles d'étude destinés aux cadets de la Royale. Aujourd'hui, ils sont devenus objets de collection.

Au XVIIIe siècle, le scrimshaw se présente le plus souvent sous la forme de petits accessoires à usage domestique. Les marins s'ingénient à fabriquer des porte-aiguilles, des bobines ou des dévidoirs, généralement en os, pour leurs épouses ou pour leurs mères. Ils sculptent également des roulettes à tapisserie, des étuis à aiguilles, ainsi que des buscs, petites lamelles souples qui se glissent dans une fente ménagée à cet effet sur le devant des corsets. Au XIXe siècle, la chasse au cachalot connaît un essor considérable, et les pêcheries se multiplient. Les grosses dents d'ivoire, jusque-là réservées au troc avec les insulaires du Pacifique, sont laissées à la disposition des marins. Le scrimshaw se développe, notamment à bord des baleiniers américains. C'est alors qu'il devient une discipline artistique à part entière. Il connaît son apogée au milieu du XIXe siècle. Les marins rivalisent de talent pour graver ou sculpter, sur des dents de cachalot ou des défenses de morse, des portraits de leurs bateaux, des épisodes de la chasse, des batailles navales, ou même des scènes domestiques. Herman Melville, qui, pour écrire *Moby Dick*, s'est inspiré d'une campagne qu'il a effectuée en 1841 à bord du baleinier *Acushnet*, compare les scrimshaws à des aquarelles de Dürer. Ce qui l'émerveille par dessus tout, c'est la dextérité des hommes d'équipage : « Quelques-uns possèdent des petites boîtes d'outils qui ressemblent un peu à celles des dentistes, faites spécialement à l'usage du commerce « scrimshandérien » ; mais le plus grand nombre se servent de leur seul couteau de poche, et, avec ce maître-outil du marin, ils vous fabriquent tout ce que vous voudrez dans l'ordre des choses qui peuvent retenir l'imagination marine[3]. »

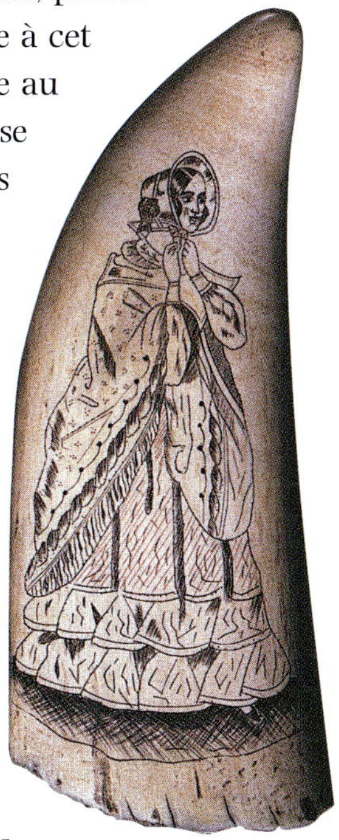

Les outils dont disposent les matelots pour tailler, sculpter et graver la matière brute sont toujours très rudimentaires. Franck Bullen souligne qu'à

Ci-dessous
Marin et mousse sur la jetée du port de Boulogne-sur-Mer.

En haut, à gauche
Fanny Campbell, femme pirate. Dent de cachalot gravée. Anonyme, XIXe siècle.

En haut, à droite
« Dieu et mon droit » : dent de cachalot gravée. Serge Jasper, XIXe siècle.

Page de gauche
Nostalgique passe-temps de marin en escale, une dent de cachalot est gravée d'une scène de pêche à la baleine au large des Açores.

Ci-dessus
Au XVIIIe siècle, un artiste minutieux a taillé l'ivoire pour en faire un nécessaire d'écriture posé à côté d'un encrier de bois.

Ci-contre
Dans un vieux bazar de Saint-Roman, le pêle-mêle marin est le même depuis des lustres : filets, cordages, lampe à pétrole et maquette de bateau.

Double page suivante
Une ancienne chaloupe de pêche exhibe sa voile brune teintée « au cachou », cette potion magique faite avec de la gomme africaine protégeant de l'humidité.

bord du *Cachalot*, le charpentier se servait, pour réaliser des cannes en os, en argent et en bois, de « vieilles limes passées au feu et transformées en dents de scie, vieux couteaux, aiguilles à voile et ciseaux ». « Je suis persuadé, poursuit-il, que dans une exposition d'objets tournés, ces cannes seraient primées, et pourtant, nous n'avions pas de tour à bord ! Ce travail demande un temps considérable, surtout le polissage, qui se fait avec de l'huile et du blanc à métaux, s'il y en a, ou sinon de la pierre ponce réduite en poudre[4]. »

Ci-dessus
Marchands étrangers venant acheter de la porcelaine en Chine.

Comme les restes des mammifères marins, les dépouilles des oiseaux de mer sont très appréciées des matelots. Lors de sa croisière autour du monde, lady Brassey n'hésite pas à s'initier à cette forme originale d'artisanat marin : « Notre principale activité durant le calme était la pêche aux pigeons du Cap, goélands, albatros, à l'aide d'une ligne et d'un hameçon, raconte-t-elle. Nous en avons pêché ainsi un grand nombre ; d'autres se sont embarrassés dans les fils que nous avions laissés flotter dans ce but à l'arrière. Les pigeons du Cap étaient si peu fuyards qu'ils venaient presque sur le pont, et beaucoup se laissaient prendre dans de simples filets à papillons. Leur plumage ressemble assez à celui du grèbe, et j'ai l'intention d'en garder afin d'en faire des manchons et des garnitures pour les enfants. Allen, l'un de nos matelots, les dépouille très bien et a reçu quelques leçons de Ward avant de quitter l'Angleterre. J'ai la plus grande envie de prendre un albatros afin de le dépouiller, de faire des blagues à tabac de ses pieds, et des tuyaux de pipes avec les os des ailes.[5] » Lady Brassey oublie, dans son inventaire, que les becs font des patères fort originales, que les plumes ordinaires peuvent se transformer en bourre pour les oreillers, et les rémiges du fouet de l'aile, en poils de balai. Enfin, la peau graisseuse du ventre est parfaite pour imperméabiliser les bottes, et l'os supérieur de l'aile a une forme idéale de coupe-papier.

« Les hommes d'équipage consacrent une bonne partie de leurs loisirs à récupérer puis à recycler tout ce qui leur tombe sous la main. Ils se disputent des bouts de cordage, avec lesquels ils confectionnent des tresses raffinées qui serviront à entourer les manches des harpons, à fermer les sacs de toile

Ci-contre
Nettoyage du pont sur un navire de la Marine française. Début du XXe siècle.

renfermant les outils nécessaires pour travailler dans les agrès, ou se transformeront en poignées pour les coffres. Certains marins s'ingénient à fabriquer des tapis, des nattes, des rideaux, ou même des objets purement décoratifs, qui n'ont d'autre valeur que l'esprit d'invention dont ils témoignent, et la somme de travail qu'ils représentent. D'autres exécutent des coffres, des armoires, des tabourets, toutes sortes de petits meubles soit pour eux, soit pour les leurs restés au pays. Les boîtes à ouvrage ou les tabatières étaient des cadeaux très appréciés. [...] De petites écritoires avec ou sans encrier, des nécessaires de toilette avec leur miroir, des outils pour les innombrables travaux exécutés en ce temps-là à la main ont également été réalisés, et souvent avec beaucoup d'art, par les membres des équipages[6]. »

S'ils multiplient les passe-temps, les marins affichent toutefois une préférence marquée pour la construction de modèles réduits. Comme l'explique Jean Randier dans *L'Antiquaire de marine*[7], les maquettes qui sont fabriquées à bord se reconnaissent à leur taille, qui n'excède pas un mètre de long. Elles peuvent ainsi tenir dans l'équipet que le marin aménage spécialement le long de sa couchette, contre la coque. Les matelots au long cours élaborent ces maquettes sans plans, et, souvent, sans autres outils que leur couteau bien affûté, quelques poinçons et du papier de verre. Les matériaux dont ils disposent se limitent à des petits morceaux de bois tendre, quelques grammes de plomb, des bobines de fil plus ou moins épais, les fonds de peinture et de vernis du bord... Les modèles réduits prennent lentement forme au fil de séances de travail qui ont lieu sur le pont dès que le temps se met au beau. Les matelots se calent tant bien que mal pour

Ci-dessus
Matelots à bord du croiseur Desaix. *Étienne-Prosper Berne-Bellecour, 1884.*

À gauche
Un vendeur américain d'appâts pour la pêche a cloué cette enseigne devant sa cabane au bord du lac.

En bas
Ces boîtes à mouches ornées de décalcomanies rappellent celles que l'on trouvait sur les bateaux américains.

Page de droite
Un marin français avait confectionné ce coble, barque de pêche à trois quilles en usage sur la côte est de la Grande-Bretagne.

RPRISE
66
ELIZA

tailler puis sculpter une coque dans la masse. Ils réalisent en quantité de minuscules poulies de bois, confectionnent des vergues aussi fines que possible, s'arrangent pour mettre la main sur un fil de cuivre qui figurera la chaîne d'ancre, placent les haubans, les drisses et les écoutes, et, en dernier lieu, ajustent les voiles, confectionnées en papier parce que la toile à voile du bord est à la fois trop lourde et trop raide. L'assemblage de toutes les pièces exige autant de minutie que de patience. « Ces maquettes, précise Jean Randier, sont souvent assez exactes. En effet, le marin reproduisait le bateau où il était embarqué, et les critiques et commentaires sans complaisance de ses compagnons de voyage le poussaient à l'exactitude dans l'exécution. »

La variante la plus étonnante du modèle réduit apparaît à bord des navires dès le XVIIIe siècle. Il s'agit du bateau en bouteille. L'exercice qui consiste à faire passer un navire, si petit soit-il, à travers un goulot demande énormément de rigueur et de doigté. Le bateau miniature est construit de telle sorte que son gréement puisse être entièrement rabattu vers l'avant, à plat pont. La mer est ensuite coulée à l'intérieur du récipient, et modelée à l'aide de très fines spatules. Une fois le mastic presque pris, le matelot introduit délicatement le bateau à l'intérieur de la bouteille, en laissant dépasser les vergues, puis il reprend ses spatules pour redresser les mâts, tendre les étais et ajuster les voiles. Lorsque tout est en place, la bouteille est rebouchée, puis hermétiquement scellée à la cire à cacheter afin que l'air n'y pénètre pas.

Les hommes d'équipage sculptent également des demi-coques, qu'ils placent parfois entre de fines planches de sapin pour obtenir un diorama. En général, le fond peint de la boîte représente un ciel clair, agrémenté de quelques cumulus qui dominent la côte. Les mâts sont cloués sur ce fond, tandis que les voiles, en papier, en cuivre fin ou en fines feuilles de bois, sont laissées libres pour donner l'impression d'être gonflées par la brise. La coque repose sur une mer modelée dans du mastic. Bleues ou grises, les vagues se doivent d'avoir le

Ci-dessus
Dans cette petite cour, bonnes harmonies de bleus, entre les carreaux de la table, la chaise, les verres et la voile de la maquette de bateau.

À gauche
Les « marins en bordée » sont un des thèmes kitsch de l'après-guerre, interprétés en sculptures, parfois utilisées en presse-livres, que l'on peut trouver dans les vide-greniers.

Page de gauche
Dans un hôtel du Bois-Plage-en-Ré, sous l'œil d'un jovial marin dont le portrait date des années 20, on a posé une maquette de langoustier.

plus de relief possible. Au premier plan figure souvent une petite embarcation, destinée à renforcer le réalisme de la scène. Une vitre fixée sur la face antérieure donne à l'ensemble l'apparence d'un tableau en relief, et un cadre vient parfois renforcer l'illusion.

Jusqu'aux dernières années de la pêche à voile, les marins partageront leur temps entre les travaux du bord et la confection d'objets utilitaires ou décoratifs. Embarqué dans les années trente à bord d'un thonier de l'île d'Yeu, Paul Groisard raconte, dans ses mémoires posthumes[8], que « tous les matins, le pont était à nouveau briqué, frotté à briller, la rosée de la nuit facilitant la tâche. Il fallait vérifier l'usure des voiles, les drisses, les poulies, etc. Si nécessaire, réparer, changer, graisser. La voile était réparée avec une grosse aiguille enfilée de fil à voile et poussée avec la paumelle attachée au creux de la main par une lanière. Quand nous étions en calmée – calme plat : pas de vent, pas de pêche –, certains faisaient de petits travaux personnels : bassiottes (baquets de bois) de toutes tailles, bateaux en bouteilles, maquettes de navires qu'ils feraient naviguer l'hiver dans les fosses, ces trous d'eau laissés par la mer quand elle se retire, celles des broches, par exemple ; des chauffe-pieds, des pantins dont une ficelle ingénieusement placée articulait les membres, des hottes pour aller pêcher à la ligne ou ramasser des macres – ou pousse-pied – dans les rochers de l'île pendant les longs hivers ».

Les œuvres réalisées à bord par les matelots rendent très rarement compte des dangers encourus, des périls évités. Tempêtes, orages, ouragans, échouages et abordages sont en revanche les thèmes centraux des ex-voto que les marins, une fois rentrés au port, offrent en témoignage de reconnaissance à la Vierge ou aux saints dont

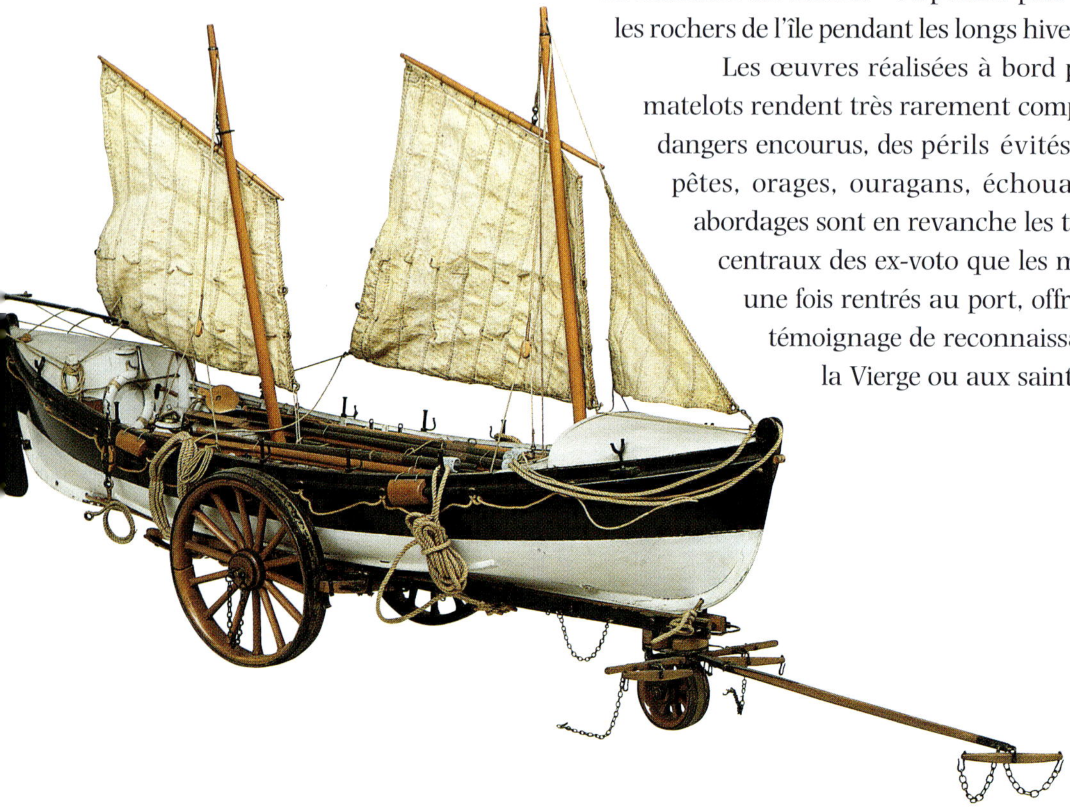

Ci-dessus
Les camaïeux de teintes ocre pâle ont été combinés autour de la couleur des voiles de cette maquette de bateau.

En bas
Canot de sauvetage sur son chariot, maquette anonyme de 1879.

Page de droite
À Belle-Île, un artiste méticuleux s'inspire de documents puisés dans les archives de la Marine, pour composer de poétiques maquettes de bateaux disparus.

FRANÇAISE
ANNÉE 19
BI 1087
St CHARLES

PILOTE
DES COTES OUEST
DE FRANCE
PAR A. BOUQUET DE LA GRYE
TOME SECOND
DICTIONNAIRE
LES COURTILS

ils ont imploré et obtenu la protection. Certaines offrandes votives sont signées par des peintres de marine renommés. Elles traduisent un souci d'exactitude, et le sens de la perspective et de la composition l'emporte souvent sur celui de la mise en scène. Mais selon François et Colette Boullet[9], « une proportion importante des ex-voto marins sortent des mains des marins eux-mêmes : modèles géants de procession, modèles réduits suspendus ou protégés sous globe de verre, bateaux en bouteilles, boîtes, demi-coques, etc. Les tableaux prédominent sur les bords de la Méditerranée, les maquettes dans les mers du Ponant ».

Bien arrimés : un trois-mâts barque, anonyme du XXe siècle (ci-dessus) ; un cuirassé à éperon près d'une côte, anonyme du XIXe siècle (à droite); un paquebot mixte, anonyme du XXe siècle (ci-dessous) et, sous cloche, un travail de prisonnier de ponton, début du XXe siècle.

Chaque ex-voto raconte, à sa manière, une histoire vécue. L'image s'accompagne d'un commentaire plus ou moins long, souvent naïf, toujours poignant. Le musée de Dunkerque possède un tableau représentant le naufrage du dogre *Saint Joseph*, avec, en légende, le texte suivant : « Venant d'Islande, chargé de 48 lests de morue perdu sur la cotte d'ollande devant Souwer où ils on brisé. Le mât tomba lorsque la canotte pouce o large, il on tous péri ; sous la grand voile qui tomba sous la canotte, trois hommes de sauvé qui ont drivé sur un morceau de la carcasse, dédié à capitaine Everaer, second à bord et arrivé dans l'an 1802, la nuit, dessiné par Jean Bommelaer. » D'autres histoires ont une issue moins tragique, comme en témoigne une toile votive déposée à La Garoupe, dans la chapelle Notre-Dame-de-Bon-Port. On y voit des marins rassemblés sur le pont, la dunette et la hune d'artimon d'un vaisseau. Ils suivent des yeux un canot qui se dirige droit vers le naufragé cramponné à une providentielle pièce de

Page de gauche
Auprès d'une collection d'anciens livres de marine, un jouet mécanique, un bateau-bouteille et une maquette de bateau-pilote des côtes bretonnes.

Double page suivante
Jouets de luxe pour grands enfants collectionneurs : des voiliers Borda, datant du début du XXe siècle, doivent leur nom au fameux marin.

bois. La légende de cette œuvre est une merveille de précision et de concision : « Ex-voto fait par Antoine Plancheur, le 27 juin 1885, tombé à la mer par les 22° 5' Sud et les 16° 45' Ouest à 6 heures du matin et repris à 11 heures et demie après avoir enduré pendant cinq heures la plus affreuse agonie. »

Ci-dessus
Travail d'un homme d'équipage en calmée : diorama vu de 3/4 babord, du Bonchamps, *vers 1930.*

Ci-dessous
Carte postale vers 1910 : enfants jouant sur la plage avec des bateaux miniatures.

En bas, à droite
Corvette 1er Empire réalisée par un prisonnier de ponton au XIXe siècle.

Page de droite
Dans la salle à manger d'un hôtel de Bois-Plage-en Ré, le régule, la maquette de bateau et la grande toile représentant des ramasseurs de sel ont été chinés dans les environs.

Comme les ex-voto, les maquettes réalisées à terre par les marins en congé ou en retraite témoignent de l'expérience maritime de leurs auteurs. Les plus étonnantes sont sans doute celles des ivoiriers de Dieppe, qui confectionnent des modèles minuscules, d'une finesse incomparable, plus proches de l'orfèvrerie que de la maquette traditionnelle. Lorsque Bonaparte, premier consul, vient à Dieppe avec Joséphine le 18 Brumaire de l'an II, il se voit offrir une tabatière d'ivoire, dont le médaillon, en relief, représente la bataille de Marengo. Quant à la future impératrice, elle reçoit le modèle réduit d'un vaisseau de soixante-quatorze canons, sculpté dans la même matière.

Pour les maquettes, le choix des matériaux est important mais pas essentiel. Selon François Renault, l'un des meilleurs modélistes contemporains, la fabrication de petits modèles exige en premier lieu un sens aigu de l'observation et une curiosité passionnée : « Pour tout modéliste qui se respecte, la recherche de tout ce qui ressemble de près ou de loin à un morceau de bois intéressant doit rester une activité permanente et même devenir un instinct. [...] Voici de nombreuses années, un plateau à verres en bois précieux, cadeau de mariage offert à mes parents, fut soigneusement démonté pour constituer un début de parc à bois rares ; le bel objet avait eu l'insolence de se montrer riche en amarante. Plus tard, ce sont les morceaux d'un violon cassé trouvé chez un brocanteur qui sont venus enrichir ma réserve. Et j'avoue même avoir souvent lorgné sur une jolie table familiale dont les veines de l'épicéa évoquaient très exactement les virures d'un pont à petite échelle[10]. »

CC 345

Arthur Ollive, autre ancien de la marine marchande, a réalisé sa première maquette à l'âge de douze ans. À sa retraite, il est devenu modéliste à plein temps. De ses voyages au long cours, il a rapporté des blocs de différentes essences, cèdre du Maroc, ébène du Gabon ou encore sycomore, qui se prêtent admirablement à la confection des coques. Il utilise du pin d'Orégon pour les mâtures, du buis pour les sculptures et les poulies, du charme pour les bordés. Mais s'il dispose de matériaux variés, son outillage est à peine plus sophistiqué que celui des hommes d'équipage à bord des grands voiliers : « Pour travailler le bois, je me sers d'outils simples : lime, scie, rabot, chignole... mon outil préféré est le bistouri de chirurgien, l'ancien modèle à lame fixe. C'est devenu difficile à trouver, ce type d'instrument chirurgical étant désormais remplacé par le bistouri à lames interchangeables... peu pratique pour l'usage que j'en fais ! Bien sûr, ces outils doivent être bien affûtés à la pierre[11]. »

Certaines œuvres de François Renault et d'Arthur Ollive ont rejoint, dans les collections des musées, des maquettes vieilles de plusieurs siècles. La fabrication de modèles réduits se pratique en effet depuis l'Antiquité. Les fouilles ont permis d'exhumer de toutes petites copies de barques phéniciennes, et un nombre important de bateaux miniatures ont été découverts dans la tombe de Toutankhamon. À l'époque où Carter mettait au jour la sépulture du jeune pharaon, on a retrouvé, dans un musée de Rotterdam, une maquette votive réalisée par un marin de la Renaissance. Cette caravelle, identique à celles de Christophe Colomb, avait disparu depuis des lustres de son sanctuaire d'origine, situé en Catalogne.

Les petits modèles anciens constituent une irremplaçable source d'information pour les archéologues et les historiens. En effet, jusqu'au XVIIe siècle, la construction navale se faisait sans plans. Une fois déterminées les dimensions principales du navire (longueur, largeur, tirant d'eau et creux), les charpentiers de marine travaillaient à l'instinct et au jugé. L'architecture navale en tant que telle naît sous Louis XIV, lorsque Colbert commande un inventaire des bateaux du royaume. Le profil de chaque unité,

Ci-dessus
Autre style de travail de marin datant du XIXe siècle : un petit sac de perles brodées.

En bas
En photo, manœuvres navales françaises en Méditerrannée en 1919.

Page de gauche
Un magasin d'antiquités rassemble des trésors sur des thèmes marins : dioramas, ex-voto, maquettes de voiliers, tableaux de nœuds ou portraits de grands paquebots.

Page de droite
Au fond du parc d'une malouinière construite à la fin du XVIIe siècle, le charme intimiste d'une chapelle conçue pour le recueillement du marin.

ainsi que ses principales caractactéristiques, figurera dans un album. Dans le même temps, des savants commencent à étudier de manière scientifique la propulsion des navires, et des plans de futurs vaisseaux sont tracés. Comme le Roi-Soleil ne manifeste qu'un intérêt limité pour les navires, Colbert fait réaliser une série de modèles réduits qui sont amenés à Versailles et « testés » devant la cour, sur le Grand Canal. Telle est l'origine des somptueux modèles d'arsenaux visibles aujourd'hui dans les musées maritimes. « Ce sont, explique Jean Randier[12], de très fidèles représentations en volume et à l'échelle des plans originaux des bâtiments. La coque est bâtie comme une coque réelle, avec toutes les pièces de charpente : étrave, brion, quille, contre-quille, marsouin, étambot, allonge de voûte, arcasse, apôtres, couples droits et dévoyés, barrots, hiloires, bauquières, serres. Le chevillage est apparent, afin que l'ouvrier puisse voir où il se situe. [...] S'il s'agit d'un modèle d'emménagement, l'intérieur du navire est complètement accastillé : tonneaux en cale, câbles et ancre de rechange, poudres, lest, armement, mobilier. [...] Non seulement ces grands modèles peuvent servir aux charpentiers et aux gréeurs, pour comprendre les explications que leur donnent les architectes, mais ils servent aussi dans les écoles de marine pour l'instruction des officiers. »

Un travail de marin de la fin du XIXe siècle : Gaston, *un ketch haranguier de Dieppe.*

Popularisé par la cour, le modèle d'arsenal devient rapidement à la mode. Les puissants du royaume s'en procurent pour orner les tablettes de leurs cheminées. Ils se disputent aussi les maquettes parfaitement

En haut
Ex-voto marin datant de 1650 :
bataille entre bateaux de Malte et galères turques.
Ci-contre
Ex-voto anonyme daté de 1790 :
Le Fils Unique de Bordeaux en perdition.

EX VOTO

★ VIRTUS ET SPES
Aimable Louise
NAUFRAGE DU PETIT-FLORENT
SARDINES
la marine à voile
dictionnaire encyclopédique illustré
arthaud
LA VOILE
• J • P •
SAUVETEURS

Page de gauche
Pêle-mêle marin à l'atelier : autour d'un livre ouvert sur des illustrations de Mathurin Méheut, des ex-voto, des demi-coques, d'anciennes bouées...

Ci-dessus
*Comme le naufrage de l'*Union*, pilote de Saint-Malo, en 1885, les ex-voto retracent des aventures ayant réellement existé.*

En haut, à droite
En 1906, la reconstitution du lancement du bateau de pêche de Trévignon Virtus et Spes.

Ci-contre
Maquette de la vedette des Sauveteurs bretons.

exécutées de la Compagnie des Indes. Objets ludiques pour les uns, décoratifs pour les autres, les « petits modèles » sont en vogue jusqu'au début du XXe siècle. Leur succès est tel que les chantiers iront parfois jusqu'à faire reproduire, à échelle réduite, un bateau déjà lancé, afin d'honorer l'armateur. L'exécution de ces maquettes, dites d'« exposition », est confiée à des artisans habiles et connaisseurs, si bien que la miniature est généralement une copie parfaite de l'original, jusque dans les moindres détails.

Beaucoup moins spectaculaire et plus simple à réaliser, la demi-coque est, à l'origine, destinée à mettre le bateau au point à échelle réduite, avant de se lancer dans sa construction en grandeur réelle. La plupart des charpentiers des chantiers artisanaux traditionnels préfèrent en effet modeler directement les formes, plutôt que de passer par le tracé d'un plan en trois dimensions. Le principe de la demi-coque consiste à sculpter une moitié de bateau dans un bloc de bois constitué d'une série de planchettes assemblées par deux chevilles. Une fois le travail achevé, les chevilles sont retirées. On sépare alors les planchettes les unes des autres pour mesurer les différents plans de coupe du bateau. La fabrication des demi-coques décoratives obéit à une autre logique. Les formes du bateau étant déjà arrêtées sur le plan, le processus de création s'inverse. Les planchettes, dont chacune correspond à une ligne d'eau, sont assemblées et collées entre elles pour former un bloc, qui est travaillé au ciseau à bois avant d'être poncé. L'utilisation d'essences variées, aux teintes différentes, un polissage parfait et une couche légère d'huile ou de vernis font de ces petits modèles de véritables objets d'art. Les yacht-clubs les collectionnent. Quant aux skippers consignés à terre, ils trouvent, dans la demi-coque de leur bateau, un puissant objet de consolation. La contempler, la caresser du bout des doigts, c'est un peu larguer les amarres...

Ci-dessus
Dans cette salle de bain, on a associé un bateau d'albâtre et des coquillages de collection au marbre de la coiffeuse.

À gauche
Demi-coque Sinbad, *datant de 1885.*

Page de gauche
Cet abri de pêcheur miniature qui vient d'être peint sèche sur la table de l'atelier avant de trouver sa place dans l'élaboration d'un ex-voto.

Ci-contre
À Étretat, une caloge, ce vieux bateau hors d'usage servant d'abri aux pêcheurs.

Cabines de bois, galets peints, rayures marines ou bois flottés,

tout ce qui vient de la mer est prétexte

à des détournements pour donner aux maisons l'esprit du large.

plages
et bords de mer

En 1891, un célèbre journaliste parisien, le chroniqueur-illustrateur Mars, entreprend un long périple sur les côtes de la Manche et de la mer du Nord. Le journal *L'Illustration* lui a demandé d'étudier de près une mode qui fait fureur : celle des bains de mer. Muni d'un bloc-notes et d'un carnet de croquis, le journaliste entreprend ce que l'on appelerait aujourd'hui une « tournée des plages ».

Ci-dessus
Pêcheuse à la crevette en 1898.

Page de gauche
À Trebeurden, une skieuse 1925 en bronze peint traverse la fenêtre d'une villa bretonne surplombant l'océan et la côte de granit rose.

En bas
À Boulogne-sur-Mer, la plage à l'heure des bains au début du siècle.

Son reportage, qui paraît le 4 juillet sous le titre *Comment on se baigne*, donne une idée assez précise des mœurs balnéaires de la fin du XIXe siècle. « En Normandie, raconte-t-il, quelques snobs se font conduire jusqu'au flot dans des cabines roulantes, traînées par des chevaux. Mais c'est l'exception ; tandis qu'à Boulogne, à Ostende, à Scheveningen, à Zandvoort, en Hollande comme en Belgique, à Scarborough, et sur les grandes plages de sable anglaises, c'est la règle, sans exception tolérée. [...] À Trégastel, il n'y a de cabines que pour les dames et "messieurs les ecclésiastiques". Il faut dire que ces cabines dépendent d'un vaste hôtel tenu par des nonnes, lesquelles vous prient, à en croire un écriteau placé sous le péristyle, "de ne point agiter les sonnettes, les religieuses vous apportant tout ce dont vous pouvez avoir besoin". [...] À Granville, à Trestaou, les cabines mobiles, garées entre les rochers, sont portées à bras jusqu'au flot, comme des chaises à porteurs. »

« Inventé » par les Anglais, le bain de mer est apparu en France au début du XIXe siècle. À l'origine, il n'est considéré ni comme un loisir, ni comme une activité sportive, mais comme une thérapie. Certains médecins proclament en effet que l'eau salée et iodée a un effet bénéfique sur diverses affections, qui vont de la stérilité à l'asthme nerveux, en passant par l'hypocondrie et la toux persistante. Des « établissements de bains » sont créés dans différents villages côtiers. Au sein de ces bâtiments construits en bordure des plages, l'on administre aux curistes des bains

Double page précédente
Phares, oiseaux de mer, pêcheurs...,
le style marin a inspiré toute une production d'objets décoratifs plus ou moins réussis.

d'eau douce ou de mer, froids ou chauds, puis, plus tard, des bains au varech qui préfigurent la thalassothérapie.

Du bain dans la mer, baptisé « bain à la lame », il n'est guère question avant les années 1850. La reine Hortense fait sensation en 1813 en se trempant hardiment dans la Manche. Quelques années plus tard, lorsque Marie-Caroline de Naples, duchesse de Berry, décide de l'imiter, ce n'est pas une baignade, c'est un événement. « À Dieppe, en 1824, quand elle entre dans l'eau, on tire un coup de canon du haut de la forteresse, raconte Paul Morand dans *Bains de mer*[1]. Madame Royale désapprouve ces mœurs libres. Pour elle, les bains sont une cure réservée aux épileptiques et aux enragés. Voici dans quel costume se baigne la jeune duchesse : “Sur la tête, une toque à brides en toile festonnée ; un paletot et une robe de laine marron galonnée de bleu, et des bottes contre les crabes.” Deux maîtres-baigneurs en grande tenue la soutiennent et M. l'inspecteur des Bains lui tend sa main gantée pour entrer dans les flots. » À Trouville, en 1836, la belle madame Schlesinger se baigne seule chaque matin, sans cérémonie, sous le regard émerveillé de Gustave Flaubert : « Je la contemplais de loin sous l'eau, j'enviais la vague molle et paisible qui battait ses flancs et couvrait d'écume sa poitrine haletante ; je voyais le contour de ses membres sous les vêtements mouillés qui la couvraient... Et puis, quand elle revenait et passait devant moi, j'entendais l'eau tomber de ses habits... le corps de la femme à moitié nu, avec le parfum de la vague[2]... »

Ci-dessus
Publicité pour La Belle Jardinière, *vêtements de bord de mer, juillet 1908.*

Ci-dessous
Enfants à la pêche à la crevette, vers 1910.

Ci-dessus
Comme une cabine de plage, mais peinte en bleue et poncée, cette armoire a la gaieté des maisons de vacances.

Page de droite
Dans cette maisonnette de l'île de Ré : des objets marins, des coques de toutes sortes et une collection de porcelaines bleu et blanc réveillent la douceur des murs badigeonnés de rose pâle.

Collections de maquettes de phares : à Locquirec, ombragé par un subtil bouquet de bruyères et graminées (ci-dessus) ; à La Baule, associés à une maquette de voilier (à droite) ; sur l'île de Groix, dans un bazar chic, alignés sur les marches de l'escalier (ci-dessous, à droite).

Double page suivante
Dans cette maison de la Baule-les-Pins, seuls les objets de style marin sont en couleur : la maquette de bateau, les petites toiles et les poissons.

Dans le sillage de ces pionnières, aristocrates, artistes et grands bourgeois découvrent les grèves, qu'ils commencent à transformer en plages. On se déplace en groupe pour s'installer au bord de l'eau. On se fait édifier des abris contre le soleil, les embruns et les regards indiscrets. On ne s'assied évidemment pas à même le sable, mais sur des pliants ou dans des fauteuils de rotin, pour poursuivre la conversation entamée au salon. « Certes, explique le sociologue Jean-Didier Urbain dans *Sur la plage*[3], dès la fin des années 1820, la plage de Dieppe, avec ses bains pour hommes et ses bains pour femmes, se trouve hérissée de tentes et de cabines de toile ; et avant cela, celle de Travemünde, sur la Baltique, près de Lübeck, est équipée de cabines ambulantes qui, reliées à la grève par des cordages, véhiculent le baigneur à sec jusque dans les flots. Mais précisément, que découvre-t-on alors ? À Dieppe, un baigneur qui, jusqu'à la taille ou au torse, se baigne tout habillé, chapeau haut de forme sur la tête ! Et à Travemünde, tout un appareillage qui permet au baigneur de s'immerger sous des bâches amovibles sans sortir de sa boîte, et donc de ne pas affronter le grand vide marin dans un angoissant corps à corps... »

Comme le souligne l'historien Gabriel Désert[4], « le bain à la lame, celui que pratique la majorité des estivants, est réglementé dès que la mode s'en répand, afin d'assurer "l'ordre, la décence et la sécurité". » Aux cabines roulantes et aux tentes de toile viennent s'ajouter des cabines fixes en planches. Certaines sont édifiées par des propriétaires privés. D'autres sont construites à l'initiative de la commune, qui les loue au mois ou à la saison. On trouve aujourd'hui encore, sur certaines plages familiales

Ci-dessus
Travail de marin pour cette maquette du phare des Meaux, à Bréhat, 1877.

À droite
Paire de salière et poivrière trouvée dans une brocante à l'île de Ré.

En bas
La plage de Zandvoort au début du siècle.

CHOPIN

normandes et bretonnes, un alignement de cahutes blanches, plus ou moins spacieuses, numérotées comme des cartes à jouer, et dont le sommet s'orne d'un petit losange qui laisse filtrer un rayon de lumière.

Si ces cabines servent d'abri contre les coups de vent et les brusques ondées, leur fonction essentielle est de permettre aux baigneurs de s'habiller et de se déshabiller à l'abri des regards. On s'y claquemure pour enfiler son costume de bain. Aux premiers temps du bain à la lame, les hommes se devaient d'être vêtus du cou jusqu'aux genoux dès lors qu'ils se baignaient en présence des femmes. Celles-ci, pour leur part, arboraient des pantalons de laine, parfois surmontés d'un jupon pour masquer leurs hanches, ainsi qu'une chemise. Les cheveux étaient protégés par un chapeau de paille ou un bonnet de toile cirée imperméable.

Dans la seconde moitié du XIXe siècle, la tenue du baigneur se métamorphose avec l'apparition d'une nouvelle pratique balnéaire, celle de la natation. Après des années de trempette, les estivants s'enhardissent. Ils sont de plus en plus nombreux à se jeter à l'eau. Leur apprentissage est assuré par les maîtres-baigneurs. Ces anciens pêcheurs, chargés de la surveillance des plages, se tiennent prêts à intervenir au bord de l'eau ou dans un canot, des couvertures et une bouée de sauvetage à portée de main. La bouée est identique à celles qui ornent les ponts de tous les navires : c'est une grosse couronne de liège, recouverte de toile blanche imperméable et ornée d'un petit cordage tressé.

Le costume de bain traditionnel ne se prêtant guère à la natation, il est remplacé par le maillot, beaucoup plus fonctionnel, sinon plus élégant. « À Étretat, note Mars, c'est le maillot collant, d'une venue, qui

À composer soi-même au hasard des trouvailles sur la plage : une somptueuse boule de coquillages (ci-dessus) ou encore un collier de morceaux de verre dépoli, percés et enfilés comme des perles (à droite). L'art du camping chic (ci-dessous), avec un lit de camp en teck et toile huilée, recouvert d'un sac de couchage en soie.

Page 145
Dans la grande salle de bain d'un hôtel, le plancher en pin a été laqué de rouge bordeaux en opposition au vert du plafond.

domine, pour les dames comme pour les messieurs : tout le monde s'y pique d'être nageur et rien n'est charmant, pour bien tirer sa coupe, comme un tricot léger, sanglé d'une bonne ceinture de gymnastique, dont l'anneau invite à la leçon de natation. Les spectateurs groupés sur les galets ne se plaignent point de ce costume peu discret, mais certaines dames trop pourvues éprouvent quelque gêne à sortir de leur peignoir, et surtout à y rentrer sous le feu des prunelles, des lorgnettes et des appareils à instantanés braqués sur leur jersey. »

Dès son apparition, le maillot de bain prend des couleurs. Selon Gabriel Désert, les hygiénistes le préféreraient blanc, mais puisque cette teinte, une fois mouillée, a de fortes chances de devenir transparente, ils décident de préconiser les couleurs plutôt foncées. Les baigneurs trouvent un compromis : ils adoptent, en majorité, le maillot bleu à rayures blanches, lançant ainsi la plus durable des modes balnéaires.

Dans un brillant petit essai intitulé *L'Étoffe du diable*[5], le sociologue Michel Pastoureau retrace les origines de ce qu'il appelle « la rayure maritime ». Au milieu du XVIIe siècle, « quelques tableaux anglais et néerlandais représentant des batailles navales commencent à montrer des marins dotés d'une tunique à rayures horizontales, soit rouges et blanches, soit bleues et blanches. [...] La rayure des matelots a, depuis cette date, traversé les siècles et les océans. Dans les systèmes de représentation et les faits de sensibilité, il s'est peu à peu opéré une attraction, voire une assimilation, entre le vêtement ou le tissu rayé et l'univers des marins. [...] Inconnue au XVIIIe siècle, rare dans la première

Deux réalisations audacieuses et superbes pour les sols de ces maisons : dans le ciment brut teinté, on a inclus, comme une mosaïque, des galets et des émaux à la feuille d'or (page de gauche). À même le bois d'un parquet ancien, un véritable tableau a été dessiné au pochoir et à la peinture à l'éponge (ci-dessus).

moitié du XIXe siècle, cette mode des vêtements et des étoffes rayés [...] est déjà solidement en place sur les côtes normandes à la fin du Second Empire. Elle ne cesse de se développer dans les décennies suivantes. Eugène Boudin nous en a laissé, à partir de 1858-1860, de très nombreux témoignages : toiles des tentes et des sièges, costumes des baigneurs, robes des dames, ombrelles des jeunes filles, vêtements des enfants, tout, ou presque, est déjà rayé au bord de la mer ».

Au début du XXe siècle, les plages ne sont plus un terrain d'aventures pour les gens fortunés. Elles accueillent une clientèle en constante augmentation, qui pratique, entre deux baignades, de multiples activités. L'une des distractions favorites des estivants est la pêche, qui, comme le souligne Gabriel Désert, se présente sous divers aspects. Ici, on cueille les moules, là, on s'arme d'un crochet pour déloger les étrilles, les tourteaux ou les araignées de mer logés sous des pierres ou dans les anfractuosités de la roche. Mais la pêche à pied la plus pratiquée en Bretagne et en Normandie est celle de la crevette grise : « Armé d'un crevettier, appelé tantôt "truble", tantôt "pousseux", voire "bourraque", filet plus ou moins grand attaché à un demi-cercle en bois prolongé par un manche, le pêcheur amateur peut, pendant facilement deux heures, de préférence à marée descendante, poursuivre les petits crustacés. Généralement fructueuse, cette pêche enrichit et agrémente le repas familial[6]. »

Lieu de détente, lieu de plaisirs, la plage demeure cependant un lieu de spectacle. Baigneurs et promeneurs s'observent, se jaugent et se

Ci-dessus
Mode masculine au XIXe siècle : costume de bain. Maison de la Belle Jardinière, *lithographie d'Albert Chéreau, 1870.*

À gauche
Cabines de bain vers 1910.

En bas
La plage et la jetée à Arcachon au début du siècle.

À La Trinité, un ancien hangar d'ostréiculteur a été transformé en maison de vacances : face à l'île de Quéhan, des transats et un banc ont été posés sur la terrasse de caillebotis.

2
3

Double page suivante
Dans l'entrée d'une petite maison normande, méli-mélo de rayures pour un ancien lit d'enfant Napoléon III en fer forgé, transformé en canapé.

Ci-dessus
Baigneuse devant sa cabine de bain en 1910.

Page de gauche
Dans une maison construite toute en bois, les portes des chambres à coucher sont copiées sur celles des cabines de plage, et, comme elles, numérotées.

En bas
Posé sur un filet de pêche, le tissu de cet oreiller s'inspire des rayures marines.

jugent. Certes, selon Jacques Chardonne, à Royan, en 1900 « les filles se baignaient en vêtements sombres, un bain très court, guettées par une mère inquiète qui déployait un peignoir[7] ». Paul Morand affirme, quant à lui, avoir vu, en 1917, « les baigneuses de Saint-Sébastien faire trempette avec des bas de soie noire, comme à Biarritz, cinquante ans plus tôt[8] ». Mais dès le début du siècle, les corps commencent à se dénuder. À Deauville, en 1913, on applaudit la « belle et audacieuse » Trouhanova, qui se baigne les seins nus. En 1927, Gabrielle Chanel défraye la chronique en s'exposant au soleil de la Riviera.

La libéralisation des mœurs balnéaires suscite, çà et là, quelques vives réactions. En 1917, le curé de Biarritz proteste contre les décolletés. En 1919, le maire de cette station interdit les bains de soleil, puis il défend aux baigneurs de circuler en peignoir. Invité à trancher sur ce point, le Conseil d'État donne raison aux estivants et tort à l'élu. À Deauville, en 1929, le maire publie un arrêté sans appel : « Le port du maillot avec épaulettes est obligatoire pour prendre des bains à la mer ; le port du caleçon est prohibé. » Le même texte stipule qu'il est « expressément interdit de s'habiller ou de se déshabiller sur la plage en dehors des cabines réservées à cet effet ». Ces rappels à l'ordre sont des coups d'épée dans l'eau. En l'espace de quelques décennies, les estivants se sont approprié la plage. Ils en ont fait leur univers, avec ses rites et ses rythmes.

Si les bains de mer ont pris, en l'espace de quelques décennies, un tel essor, c'est parce qu'une véritable « civilisation balnéaire » s'est progressivement mise en place. Au milieu du XIXe siècle, des lignes de chemin de fer ont été ouvertes pour permettre aux Parisiens fortunés de rallier rapidement et confortablement les côtes normandes. Les « trains de plaisir » et les trains de luxe mettent Dieppe, Deauville,

Cats

Trouville, Houlgate ou encore Honfleur à moins de six heures de Paris. Pour la Bretagne, le Pays basque ou l'Aquitaine, le voyage reste une expédition : en 1865, près de vingt heures de chemin de fer séparent Paris d'Arcachon. Quant à la Méditerranée, on ne la fréquente que l'hiver. Il faudra que Colette achète « La Treille muscate » à Saint-Tropez, que Dunoyer de Segonzac plante son chevalet à l'Estaque, ou encore que Cézanne invite Renoir, Matisse, Modigliani et Foujita à Cagnes-sur-Mer, pour que, dans les années trente, la Riviera devienne la Côte d'Azur.

À la naissance du réseau ferroviaire correspond celle des guides touristiques, dont le célèbre Baedeker ou encore le Joanne, ancêtre du Guide Bleu. Ils accompagnent et encouragent le mouvement des citadins vers ces petites villes et ces « trous charmants », qui, au fil des ans, vont se transformer en stations balnéaires. Partout, on construit des jetées, des promenades, des casinos, des hôtels de luxe, des champs de courses, des terrains de golf. Comme le souligne l'historien André Rauche[9], Deauville, qui ne compte qu'un hôtel en 1861, en aura quatre en 1900, dix en 1914 et vingt-huit en 1927. Dieppe possède un golf dès 1890, qu'elle dote d'un club-house en 1897. À Biarritz, lancée par la future impératrice Eugénie, qui s'y fait construire une villa en 1854, le casino est édifié dès 1858.

Si de nombreux estivants résident à l'hôtel de la Plage, l'hôtel des Bains ou l'hôtel Bellevue, à l'auberge ou parfois même chez l'habitant, les plus fortunés d'entre eux se font construire des « résidences secondaires ». Dans une étude très fouillée intitulée *Le Site balnéaire*[10], l'architecte Dominique Rouillard étudie l'incroyable mélange de styles qui s'opère dans certaines stations. L'exemple de Houlgate est évocateur : d'après un guide touristique, « c'est en 1859 que M. Vergniolles a construit sur les ruines de quelques cabanes de pêcheurs un grand hôtel, [...] puis son habitation personnelle, qui est un

Ci-dessus
Sur le ponton d'un petit port du Maine, aux États-Unis, une accumulation de cageots à homards bigarrés forme une involontaire nature morte.

En bas
À Belle-Île, un artiste a posé sur un ancien volet bleu patiné une composition en bois flotté.

Ci-dessus
Pendus à l'extérieur d'une cabane de pêche dans le Maine, des bouchons attendent la sortie en mer.

Ci-contre
Dans une maison de l'île de Ré, un miroir et son cadre de bois flotté trônent dans cette ambiance de bois blond et de meubles anglais.

À droite
Un cadre superbe fait d'amoncellements de bois flottés est coiffé d'une tête d'ange sculptée.

ELFE

Page 159
Les décors bleus d'une tasse à chocolat en vieux Bordeaux et un plat à poisson en vieux Quimper sont d'insolites et élégants réceptacles pour les coquillages ramassés sur la plage.

des palais de l'endroit. À la suite sont sortis de terre des chalets ou des maisons de style très fantaisiste ». Sur la digue-promenade, qui a été contruite en 1896, un chalet suisse et un palazzo italien voisinent avec une villa normande. Un peu plus loin se dressent un chalet suédois et une pagode. Trouville a également sa pagode chinoise. Quant au chalet Gourmez de Cabourg, qui évoque vaguement un Kremlin miniature, il a été acquis à l'Exposition universelle de 1889 et transplanté en Normandie.

Ci-dessus
Dans la salle à manger d'une maison de l'île de Ré, à côté d'une bouée fatiguée par le temps, en vedette, un tableau de l'artiste Catherine Lê Van.

Page de gauche
Harmonies de couleurs blondes dans la cuisine d'une cabane au Cap-Ferret.

En bas
Scène de plage vers 1935.

Un certain nombre d'architectes entendent cependant respecter le « style du pays » : « À Houlgate, explique Dominique Rouillard, Lewicki construit avec "de la brique de Trouville" pour "les angles, les entourages de baies, les corniches, les bandeaux et le silex pour le remplissage". Maget choisit "la brique du Havre" pour trois villas à Lion-sur-Mer. Il y a bien des différences de couleurs entre toutes les briques qui se fabriquent sur le littoral, chaque station s'étant rapidement pourvue d'une briquetterie ou tuilerie, mais les significations attachées au choix de chacune ne tiennent pas aux variations de leur aspect. C'est la dénomination qui ici importe et la brique disparaît derrière sa provenance. [...] Il semble qu'on ne puisse prendre une brique qu'à une station plus réputée que la sienne, et si possible éloignée pour éviter la comparaison défavorable[11]. »

Avec la multiplication des « villas de bord de mer », ce n'est pas seulement le décor qui change, mais aussi l'esprit des lieux. Pour garder les estivants, et les inciter à revenir d'une année sur l'autre, les municipalités doivent leur proposer un éventail d'activités aussi large que possible. Dès 1902, la Société anonyme immobilière de Cabourg établit le programme d'une journée-type, avec cours de danse et de maintien, promenade, guignol pour les enfants, concert symphonique ou encore représentation théatrale. À Deauville, tout est prévu pour que le vacancier mondain ne connaisse pas de répit. Il peut ainsi disposer dès 6 heures du journal des courses, afin d'avoir le temps de l'étudier de manière approfondie avant de se rendre à l'hippodrome. Ensuite, il apparaît au golf ou au tir aux pigeons,

Ci-dessus
Dans un bazar à Rochefort, un heureux amoncellement d'articles de pêche.

À gauche
La couleur blanche en majesté :
sur une table basse en planches grossièrement badigeonnées, prennent place des coffrets tapissés de coquillages.

Ci-contre
Échoués sur une nappe en lin, des oiseaux en bois peint.

se montre rue Gontaud-Biron, l'équivalent local de la rue de la Paix, court quelques cocktails, retourne assister aux courses, rend et reçoit quelques visites, puis, entre 20 heures et 21 heures, part dîner, en smoking évidemment, chez des amis ou au casino. La soirée se poursuit au théâtre ou au concert, se prolonge par un petit tour dans les salles de jeux, un souper, et se clôt généralement aux alentours de 2 heures du matin. À Biarritz, « la reine des plages et la plage des rois », l'emploi du temps est presque aussi chargé, même si, d'après le guide Joanne, « pendant la grande saison, la journée mondaine commence assez tard, vers 10 heures du matin ». Comme l'explique le docteur Pathault dans un ouvrage paru en 1927, les estivants mènent une vie intense, « partagée entre les golfs et les casinos, le tennis où l'on côtoie parfois Cochet et Borotra et les cabarets, les parties de pelote en compagnie du champion du monde Chiquito de Cambo et les galas, la vie libre et les soirées de bienfaisance, l'espadrille et la dernière création de Jean Patou, le smoking et le béret, à contempler enfin les corps sur la plage, drapés dans des costumes étranges par leur nouveauté mais qui évoquent irrésistiblement les foules antiques de la Grèce ou d'Alexandrie[12] ».

Ces jeux sociaux sont évidemment réservés à la clientèle fortunée des stations les plus huppées. Pour la majorité des estivants de l'entre-deux-guerres, les mondanités se résument à des pique-niques et des goûters. Le reste du temps, on se délasse. Entre deux baignades, on converse sur la plage, on joue au croquet, on se promène dans la campagne, on déambule sur le port. Là, on observe les yachtmen de loin et les pêcheurs d'un peu plus près, tandis qu'ils teignent leurs voiles en ocre ou en cachou, qu'ils réparent leurs filets ou qu'ils déchargent leurs casiers.

Chassés de leurs territoires par le développement des activités balnéaires, enrôlés malgré eux dans le « folklore » local, les pêcheurs sont de plus en plus nombreux à abandonner leur métier pour des activités de substitution. Ils

Ci-dessus
Idée grand large : une superposition de berniques fait office de pompons.

Page de gauche
Un rideau de toile de Jouy aux tons pourpres se reflète dans un extravagant miroir composé d'un assemblage de coquillages.

En bas
Au musée de Batz-sur-Mer, un spécimen de « marié de Batz », poupée composée de coquillages accolés, offerte traditionnellement aux jeunes mariés par le garçon et la demoiselle d'honneur.

emmènent les touristes au large, pour une marée ou pour la journée, et leur montrent l'art et la manière de lancer un filet, ou de prendre dans une nasse toutes sortes de poissons plats. Ils organisent des excursions en mer, au fil desquelles ils racontent à leurs clients les contes et légendes du pays. Certains « loups de mer » renoncent même tout à fait à la navigation pour alimenter le commerce de souvenirs, une activité ancienne et florissante, comme le souligne Jean-Didier Urbain : « Déjà, à la fin du XVIIIe siècle, des boutiques de curiosités apparaissent. Par exemple, en 1795, à Scheveningen, aux Pays-Bas, la population du rivage se reconvertit dans la vente "des coquilles, des poissons empaillés, des plantes marines" et "de petits modèles de vaisseaux, des chaloupes, et autres objets ayant trait à la marine". Cela suppose que le pêcheur se transforme en fournisseur, en artisan, voire en artiste [...], en marchand de bibelots ou encore en brocanteur[13]. »

Dans les années trente, les pêcheurs confectionnent encore, à l'intention des estivants, des encriers incrustés dans des supports de coquillages. Ils ornent des coquilles Saint-Jacques de petits paysages côtiers. Ils peignent des groupes de marins en terre cuite et des phares en porcelaine. Mais bientôt, ces objets typiques seront fabriqués à la chaîne. Au lendemain de la Seconde Guerre mondiale, le tourisme devient une industrie et les estivants, des vacanciers. Et Paul Morand, qui se rappelle avoir fait sensation, en 1917, avec son maillot noir d'une pièce, « rapporté d'Angleterre », fustige, en 1950, avec une ironie féroce, « ces corps allongés côte à côte sur les plages, qui font penser à des poulets cuits en série à l'ultraviolet[14] ».

Ci-dessus
Porte-parapluies d'humeur marine. Création anonyme vers 1850.

En bas
Grossièrement taillés au couteau de gabier, ces morceaux de bois assemblés montrent la variété des marques de filets de pêche et de flotteurs.

Page de droite
Dans l'entrée d'une maison de Knokke-Le-Zoute, un bouquet de poissons luisants, en bois taillé, annonce l'esprit pêcheur des propriétaires et leur départ pour la plage !

SAN FRANCISCO
19
47
YOKOHAMA
GONE TO
E BEACH

Notes

Chapitre 1

1. Anne Brassey, *Le Tour du monde en famille*, éditions Alfred Mame et Fils, Tours, 1885.
2. Monique Pelletier, *Les Portulans*, in *À la rencontre de Sindbad*, coédition Réunion des Musées Nationaux/Musée de la marine, 1994.
3. Louis-Antoine de Bougainville, *Voyage autour du monde par la frégate* La Boudeuse *et la flûte* l'Étoile, éditions de la Découverte, 1997.
4. Umberto Eco, *L'Île du jour d'avant*, éditions Fayard, 1996.
5. Comme les définit Jean Randier dans *L'Objet de marine*, éditions Gallimard, 1992.
6. François Bellec, *Naissance de la Compagnie des Indes*, in *À la rencontre de Sindbad*, op. cit.
7. in François Bellec, *Le Point à la mer, histoire aventureuse d'une science exacte*, revue *Neptunia* 156, 1984-4.
8. Jean Randier, *L'Objet de marine*, op.cit.
9. James Cook, *Relations de voyages autour du monde*, éditions de la Découverte, 1998.

Chapitre 2

1. Claude Caron, *Traité des bois servant à tous usages*, Paris, 1717.
2. in Stephanie Wicha, *Le Bois et la marine, entre 1669 et 1715 : l'exemple de l'arsenal de Toulon*, Mémoire présenté en vue du diplôme de l'École des Hautes Études en Sciences Sociales, 1996.
3. Jean Merrien, *La Vie des marins au Grand Siècle*, Terre de Brume éditions, 1995.
4. Citations extraites de : *Les Grands Voiliers du* XV*e au* XX*e siècle*, sous la direction de Joseph Jobé, avec la collaboration de Jean Merrien, Edita, Lausanne, 1967.
5. Capitaine Mayne-Reid, *Les Épaves de l'océan*, Mégard et Compagnie, Libraires-éditeurs, Rouen, 1883.
6. Jacqueline Viaux Locquin, *Le Bois d'ébénisterie dans le mobilier français*, éditions Léonce Laget, 1997.
7. Emmanuel de Las Cases, *Mémorial de Sainte-Hélène*, éditions du Seuil, 1968.

8 & 9. *Les Grands Voiliers du* XV*e au* XX*e siècle*, op. cit.

10. *L'Illustration*, 15 décembre 1849.
11. Daniel Charles, *La Coupe de l'America*, éditions Arthaud, 1986.

12 & 13. Jean Randier, *La Royale*, éditions de la Cité, 1972.

14. Lady Brassey, *Le Tour du monde en famille*, éditions Alfred Mame et Fils, Tours, 1885.
15. Philippe Daryl, *Le Yacht, histoire de la navigation maritime de plaisance*, Librairies-Imprimeries réunies, 1891.
16. Xavier Schelcher, *Croisière du steam-yacht* Medge *en Angleterre, Écosse et Irlande*, journal de bord manuscrit de 1892, illustré de dessins de l'auteur, bibliothèque du Yacht-Club de France.

Chapitre 3

1. Charles Dickens, *Voyage en Amérique*, éditions Phébus, 1993.
2. Dans "The Illustrated London News" du 25 mai 1850. Cité par John Adams dans *Paquebots du monde 1820-1970*, EPA éditions, 1994.
3. Louis Tillier et Paul Bonnetain, *Histoire d'un paquebot*, Paris, Maison Quantin, 1888.
4. Jean Randier, *L'Objet de marine*, éditions Gallimard, 1992.
5. Evelyn Waugh, *Bagages enregistrés*, éditions Quai Voltaire, 1988.
6. John Malcolm Brinnin et Kenneth Gaulin, *Transatlantiques. Style et luxe en mer*, éditions Robert Laffont, 1989.
7. Louis-René Vian, *Arts décoratifs à bord des paquebots français*, éditions Fonmare, 1992.
8. Le Corbusier, *Vers une architecture*, éditions Crès, 1928.
9. Olivier Boissière, *Jean Nouvel*, éditions Terrail, 1996.
10. Le Corbusier, *Vers une architecture*, op.cit.

Chapitre 4

1. Franck Bullen, *La Croisière du* Cachalot, éditions Phébus, 1989.
2. Stuart M. Frank, *L'Art du scrimshaw*, in *Le Chasse-Marée* n° 67, septembre1992.
3. Herman Melville, *Moby Dick*, traduction française établie par Jean Giono, Lucien Jacques et Joan Smith, éditions Gallimard, 1996.
4. Franck Bullen, *La Croisière du* Cachalot, op. cit.
5. Lady Brassey, *Le Tour du monde en famille*, éditions Alfred Mame et Fils, Tours, 1885.
6. Hans Jürgen Hansen, *L'Art dans la marine*, Pont Royal, 1966.
7. Jean Randier, *L'Antiquaire de marine*, éditions Maritimes et d'Outre-mer, 1973.
8. Paul Groisard, *Mémoires d'un pêcheur islais*, in *Le Chasse-Marée* n° 66, août 1992.
9. François et Colette Boullet, *Ex-voto marins*, éditions Maritimes et d'Outre-Mer/CELIV, 1986.
10. In *Le Modélisme naval*, ouvrage collectif, Le Chasse-Marée/Ar Men, 1994.
11. In *Arthur Ollive, marin et modéliste*, in *Le Chasse-Marée* n° 63, mars 1992.
12. In *L'Antiquaire de marine*, op. cit.

Chapitre 5

1. Paul Morand, *Bains de mer*, éditions Arléa, 1990.
2. Gustave Flaubert, *Mémoires d'un fou*, éditions Flammarion, 1991.
3. Jean Didier Urbain, *Sur la plage*, éditions Payot & Rivages, 1994.
4. In Gabriel Désert, *La Vie quotidienne sur les plages normandes, du Second Empire aux années folles*, éditions Hachette, 1983.
5. Michel Pastoureau, *L'Étoffe du diable, une histoire des rayures et des tissus rayés*, éditions du Seuil, 1991.
6. Gabriel Désert, *La Vie quotidienne sur les plages normandes...*, op. cit.
7. Jacques Chardonne, *Royan*, in *Escales*, textes inédits réunis et présentés par Jean-Paul Caracalla, éditions de La Table Ronde, 1993.
8. Paul Morand, *Bains de mer*, op. cit.
9. André Rauche, *Vacances en France de 1830 à nos jours*, éditions Hachette, 1996.

10 & 11. Dominique Rouillard, *Le Site balnéaire*, Mardaga, Liège, 1984.

12. Docteur Pathault, *Sud-Ouest économique*, 1927, cité dans *Architecture de Biarritz et de la côte basque de la Belle Époque aux années 30*, Mardaga, Liège, 1990.
13. Jean-Didier Urbain, *Sur la plage*, op. cit.
14. Paul Morand, *Bains de mer*, op. cit.

Bibliographie
Ouvrages généraux et spécialisés

JOHN ADAMS, *Paquebots du monde, 150 ans d'histoire (1820-1970)*, E.P.A. Éditions, 1994

OLIVIER BOISSIÈRE, *Jean Nouvel*, Éditions Terrail, 1996

FRANÇOIS ET COLETTE BOULLET, *Ex-votos marins*, Éditions Maritimes et d'Outre-Mer/CELIV, 1986

LOUIS-ANTOINE DE BOUGAINVILLE, *Voyage autour du monde par la frégate* La Boudeuse *et la flûte l'*Étoile, Éditions de La Découverte, 1997

ANNE BRASSEY, *Le Tour du monde en famille*, Éditions Alfred Mame et Fils, Tours, 1885

JOHN MALCOLM BRINNIN ET KENNETH GAULIN, *Transatlantiques. Style et luxe en mer*, Éditions Robert Laffont, 1989

FRANCK BULLEN, *La Croisière du* Cachalot, Éditions Phébus, 1989

CLAUDE CARON, *Traité des bois servant à tous usages*, Paris, 1717 (Bibliothèque Forney)

JACQUES CHARDONNE, *Royan* in *Escales*, textes inédits réunis et présentés par Jean-Paul Caracalla, Éditions de La Table Ronde, 1993

DANIEL CHARLES, *La Coupe de l'America*, Éditions Arthaud, 1986

JAMES COOK, *Relations de voyages autour du monde*, Éditions de La Découverte, 1998

PHILIPPE DARYL, *Le Yacht, histoire de la navigation maritime de plaisance*, Librairies-Imprimeries réunies, 1891

GABRIEL DÉSERT, *La Vie quotidienne sur les plages normandes du Second Empire aux années folles*, Éditions Hachette, 1983

CHARLES DICKENS,*Voyage en Amérique*, Éditions Phébus, 1993

UMBERTO ECO, *L'Île du jour d'avant*, Éditions Fayard, 1996

GUSTAVE FLAUBERT, *Mémoires d'un fou*, Éditions Flammarion, 1991

HANS JÜRGEN HANSEN, *L'Art dans la marine*, Éditions Pont Royal, 1966

JOSEPH JOBÉ, *Les Grands Voiliers du XVe au XXe siècle*, avec la collaboration de Jean Merrien, Edita, Lausanne, 1967

EMMANUEL DE LAS CASES, *Mémorial de Sainte-Hélène*, Éditions du Seuil, 1968

LE CORBUSIER, *Vers une architecture*, Éditions Crès, 1928

CAPITAINE MAYNE-REID, *Les Épaves de l'océan*, Mégard et Compagnie, Libraires-Éditeurs, Rouen, 1883

HERMAN MELVILLE, *Moby Dick*, Éditions Gallimard, 1996

JEAN MERRIEN, *La Vie des marins au Grand Siècle*, Terre de Brume Éditions, 1995

PAUL MORAND, *Bains de mer*, Éditions Arléa, 1990

MICHEL PASTOUREAU, *L'Étoffe du diable*, Éditions du Seuil, 1991

JEAN RANDIER, *La Royale*, Éditions de la Cité, 1972

JEAN RANDIER, *L'Antiquaire de marine*, Éditions Maritimes et d'Outre-mer, 1973

JEAN RANDIER, *L'Objet de marine*, Éditions Gallimard, 1992

ANDRÉ RAUCHE, *Vacances en France de 1830 à nos jours*, Éditions Hachette, 1996

DOMINIQUE ROUILLARD, *Le Site balnéaire*, Éditions Mardaga, Liège, 1984

LOUIS TILLIER ET PAUL BONNETAIN, *Histoire d'un paquebot*, Paris, Maison Quantin, 1888

JEAN-DIDIER URBAIN, *Sur la plage, mœurs et coutumes balnéaires (XIXe-XXe siècle)*, Éditions Payot & Rivages, 1996

LOUIS-RENÉ VIAN, *Arts décoratifs à bord des paquebots français*, Éditions Fonmare, 1992

JACQUELINE VIAUX-LOCQUIN, *Le Bois d'ébénisterie dans le mobilier français*, Éditions L. Laget, 1997

EVELYN WAUGH, *Bagages enregistrés*, Éditions Quai Voltaire, 1988

Le Modélisme naval, Ouvrage collectif, Éditions Le Chasse-Marée/Ar Men, 1994

Catalogue d'exposition

À la rencontre de Sindbad, La route maritime de la soie, Coédition Réunion des Musées Nationaux/Musée de la marine, 1996

Journaux et revues

L'Illustration

Neptunia

Le Chasse-Marée

Carnet d'adresses

Attention ! Certaines de ces boutiques situées dans des villes de bord de mer n'ouvrent que pendant les grandes vacances, les vacances scolaires et les week-ends. Il leur arrive aussi de déménager dans la même ville, tout en gardant le même numéro de téléphone : il est donc conseillé d'appeler avant d'y aller.

Brest

"Rêverie marine", 34 quai Commandant-Malbert, 29200 (02 98 43 39 18).

Cette boutique se spécialise dans le luminaire de toutes sortes, à l'image des éclairages de bateau. On y trouve aussi des hublots, des miroirs, des tableaux de nœuds, des sextants... (Voir page 17)

Créteil

"Un Tour en mer", centre commercial Créteil Soleil (01 49 56 17 07).

Le but de ce nouveau lieu thématique est d'importer l'art de vivre au bord de la mer à l'intérieur des terres. Dans un espace à la décoration soignée, est proposée une sélection de produits de décoration, de mode, de loisirs culturels, d'alimentation et de cosmétique pour partager la passion de la mer et l'appel du grand large. Ouverture prochaine à Bordeaux, centre commercial Mériadeck.

Guérande

"Les Comptoirs du Sud Bretagne", porte Vannetaise, 44 350 (02 40 62 1715).

Les plus jolis produits fabriqués en Bretagne par des Bretons ; les plus typiques sont en vente dans ce beau et grand bazar : habits marins, adorables pantoufles de Quimper, sacs à linge de matelots, lampes, tableaux, livres régionaux et de voyage. Ça fourmille d'idées, on y passerait des heures !

"Marie Vit", 18 place Hamelin, 14600 (02 31 89 42 65).

Tous les petits objets tels que carnets de voyages, albums-photos ou cahiers de croquis sont ici recouverts de jolis papiers marbrés ou fleuris, dont la propriétaire fait également des abat-jour plissés ou des œuvres d'art repeintes. Elle a aménagé en brocante un coin de la boutique où elle restaure et vend des objets de charme et des petits meubles.

Île de Groix

"Hatoup", (02 97 21 60 52).

C'est le bazar chic de l'île, spécialisé dans la décoration marine. On y trouve tout ce dont on peut avoir besoin et envie dans une maison de bord mer : des maquettes de phares, des objets de cuisine, du linge pour la maison et pour la plage, ainsi que des objets en laiton, des livres de voyage et des cartes postales. (Voir page 138)

Île de Ré

"Le Flibustier", 16, quai Nicolas-Baudin, 17410 Saint-Martin de Ré (05 46 09 96 28).

On peut dénicher ici des objets anciens de toutes provenances sur le thème du sport : gants de boxe, raquettes de tennis ou de badmington, skis nautiques, cannes à pêche, battes de baseball, avirons, ballons... ainsi que de beaux fauteuils club, des meubles de port et des antiquités de marine.

"Au Bigorneau Langoureux", rue du Marché, 17630 La Flotte-en-Ré (05 46 09 95 38). Incontournable boutique de l'Île de Ré où Michèle et Christian Chemin vous feront partager leurs trouvailles...

La Rochelle

"Farol", 64 quai Louis-Prunier, 17000 (05 46 50 53 05).

Au royaume du couteau le marin est roi... car il trouve chez Monsieur Berthommé des couteaux taillés dans des essences de bois rares, ainsi que des « encans » avec rivet et cran ressort, et des « gréeurs », ces couteaux de travail qui se transforment en épissoirs.

Le Mans

"Fabrice Papin", 74 avenue Georges-Durand, 72000 (02 43 86 05 77).

Plus qu'un ébéniste, Fabrice Papin est un artiste qui restaure les meubles d'époque d'une manière impeccable, avec une préférence pour les marqueteries du XVIIIe siècle et le mobilier Charles X. Il réalise également, sur commande, des meubles dans la plus pure tradition artisanale.

"Marie-Claire Petit", 19 rue Saint-Exupéry, 72000 (02 43 86 37 46).
On peut piocher chez ce peintre à la facture délicate une belle idée de cadeau-surprise : si vous lui apportez une photo de maison de campagne, de bateau ou de personnage, elle la reproduira à la sanguine ou à l'aquarelle.

Loctudy

Lamicol, 62 rue Sébastien-Guiziou, 29750 (02 98 87 54 54).

Tout se collectionne, même les objets les plus simples, les plus modestes ! On voit depuis quelque temps un réel engouement pour les outils de pêche : hameçons de métal patinés par la mer et décorés de motifs « pêchants », boules de filet ou cordages et leurs plaques de liège, que l'on peut encore trouver à des prix plus que raisonnables chez ce brocanteur.

Locquirec

Antiquités Locquirec, 6, rue de l'Église, 29470 (02 98 67 42 90).

Au cœur d'un petit port breton au charme préservé, M et Mme Levron ont ouvert leur boutique à l'année. Parmi des meubles de famille en noyer XVIIIe, d'insolites objets de pêche (aiguilles à ravauder, bobines de fil, plaques de liège pyrogravées, boules de chalut...) et d'authentiques exemples de l'art populaire breton d'inspiration marine (ex-votos, dioramas, maquette, coffres...). Amateurs de curiosités, les Levron exposent, à côté d'œuvres des peintres officiels de la marine, celles de petits maîtres bretons du début du siècle aux années 50.

Lorient

"Galerie Vauban", 11 rue Vauban, 56100 (02 97 21 01 02).

Dans une ancienne quincaillerie familiale transformée en magasin d'antiquités de marine, un amoureux de la mer et de ses objets du quotidien a rassemblé du mobilier de bateau tels que des coffres de morutier, ainsi que des livres anciens sur le thème du voyage, des paniers à pêche ou des bois de bateaux. (Voir page 9)

"Khéops", 11 rue Auguste-Nayel, 56100 (02 97 21 63 72).

C'est la plus jolie boutique de décoration de Lorient, la plus raffinée, la plus contemporaine ! Sous le signe du brut et de l'écru, entre jardinières en fonte, cages à oiseaux, vanneries, porcelaine ivoire et coussins en lin, on y chine également des meubles anciens en acajou et des objets faits, en leur temps, par des artisans, et des lampes en provenance de Belgique.

"Capharnaüm", 26 rue Général-Dubail, 56100 (02 97 84 87 19).

Ce charmant antiquaire chez qui l'on trouve un peu de tout se passionne pour les anciens cuivres, les épis de faîtage, tous objets pour le jardin et les meubles régionaux. Il restaure également lui-même portes et volets et les transforme en éléments de boiseries dans les maisons qu'il décore.

Paris

"Marine collection", 38 rue de Bourgogne, 75007 (01 47 05 71 30).

Cette boutique est unique à Paris : on y trouve des maquettes - superbement réalisées- de Riva ou de bateaux de pêche encore en service en Bretagne. Elles peuvent également être réalisées sur mesures et à l'échelle, à condition que le propriétaire apporte ses plans de construction. Objets anciens, britanniques et d'ailleurs, sur le thème de la mer.

Trois adresses pour un même antiquaire :
"Aux armes de Fürstenberg", 1 rue de Fürstenberg, 75006 (01 43 29 79 51) et au Louvre des Antiquaires, 2 place du Palais-Royal, 75001 (01 42 60 20 30).
À Nice : ***"La Fille du Pirate"***, 21 rue Emmanuel-Philibert, 06300 (04 92 04 90 30).
Ces magnifiques boutiques sont spécialisées depuis des lustres dans les objets de marine réservés à des collectionneurs avisés, plus particulièrement amateurs d'objets du XIXe siècle. Maquettes de bateaux, sextants, objets scientifiques ou figures de proue y côtoient des meubles de marine, des demi-coques ainsi que de nombreux travaux de marins sur des dents de morse ou de cachalot et divers objets de curiosité.

"Galerie des Orfèvres", 66 quai des Orfèvres et 23 place Dauphine, 75001 (01 43 26 81 30).
S'ouvrant d'un côté sur la place Dauphine et de l'autre sur les quais de la Seine, cette galerie conservée dans la même famille depuis un demi-siècle est idéalement située pour exposer des œuvres de peintres de la Marine. De Mathurin Méheut à Luc-Marie Bayle, une peinture traditionnelle de belle qualité qui reflète les passions des grands marins.

"Librairie-boutique du musée de la Marine", Palais de Chaillot, 75116 (01 47 55 69 64).
La petite boutique du musée de la Marine est bien approvisionnée, côté livres et papeterie : papier à lettres, cartes à jouer, cartes de marine... Mais on y trouve aussi un très bon choix d'objets marins : compas, boussoles, tableaux de nœuds, demi-coques, mappemondes, maquettes de phares et de bateaux, sabliers, vaisselle « Ancre Bleue », ainsi que des pulls marins et de jolies lampes faites avec des cordages.

Perros-Guirec

"Antiquités Stephan", 66, rue du Maréchal-Joffre, 22700 (02 96 23 38 63).
Souci d'authenticité, aucune copie ne franchira le seuil de cette boutique où Yannick Stephan vous accueille parmi ses curiosités maritimes, maquettes de bateaux, ex-votos... Les arts populaires y sont toujours bien mis en valeur.

Quiberon

"Via Maris-Les chemins de la mer", 19 place Hoche, 56170 (02 97 29 52 95).

L'idée de cette boutique, créée par des producteurs bretons, est d'équiper l'homme « face à la mer ». Sur une surface de 460 m², on trouve donc aussi bien des vêtements, que des livres et bien sûr tout pour décorer son intérieur (articles de pêche reconvertis en objets de décoration, tableaux peints sur voiles, etc). On peut même s'y procurer les produits de la mer ou les déguster au restaurant de la boutique. Fort de son succès, Via Maris ouvre un nouvel espace passage Pommeraye, à Nantes.

Rennes

"Cap Code Héritage", 1 rue Saint-Georges, 35000 (02 99 79 10 16).

L'ambiance des transatlantiques des années 30 règne ici, mêlée à celle d'objets de décoration contemporains. Malle-cabines, coffres de voyage, jumelles, mais aussi canapés, petits meubles, arts de la table et plaids.

Saint-Briac

"L'atelier du Chat qui Danse", 29 rue Port-Hue, 35800 (02 99 88 01 09).

Cet atelier de ferronnerie d'art est tenu, de main de maître, par une jeune femme qui dessine et crée, avec talent, des enseignes, des pare-feu, des girouettes ou des jardinières. Sandrine Germe réalise également, sur commande, tout objet de ferronnerie.

Saint-Malo

"L'Atelier de Solidor", 27 rue Dauphine, 35400 (02 99 82 45 14).

Joyeux mélange, ici, de petits meubles, objets décoratifs, et antiquités de marine : maquettes de bateaux, paires d'avirons, tambours et filets de pêche côtoient des meubles d'acajou, qui, en leur temps, ont séjourné dans des bateaux.

"La Malle du Corsaire", 21 place du Canada, Rothéneuf, 35400 (02 99 40 51 08).

Le propos de ce magasin d'antiquités est de dénicher l'objet rare ayant une histoire, ou ayant appartenu à un grand marin. On y trouve toutes sortes d'instruments de marine oubliés, des cartes, des maquettes, des ex-voto, des longues-vues, ainsi que des meubles particuliers comme des commodes militaires ou des tables de paquebot.

Aux environs de Saint-Malo...

Hubert Guérin-Brochardière (06 86 70 63 26).

Ce brocanteur nomade n'a pas de boutique fixe, mais, d'avril à septembre, on peut le trouver sur le marché de Saint-Malo, le premier dimanche de chaque mois. Il est facilement repérable, avec ses antiquités chinées en Angleterre et ses objets de décoration sur le thème du sporting.

"La Droguerie de Marine", 66 rue Georges-Clemenceau, Saint-Servan 35400 (02 99 81 60 39).

Les marins se fournissent dans ce formidable bazar, qui vend tout aussi bien des drisses et des bouts que des produits traditionnels, des objets divers, des cadeaux et des livres sur la mer et les voyages. Tout ici est authentique, et à des prix abordables.

Trouville

"Miracle au château", place Tivoli, 14360 (02 31 81 55 66).

Dans cette lumineuse boutique de décoration, on privilégie les objets de designers très pointus, le linge de maison raffiné et la vaisselle de créateurs très tendance comme Pierre Cazenove. Une sélection de petits meubles peut facilement trouver sa place dans les maisons de pêcheurs qui font le charme de la ville.

Vigneux-de-Bretagne

"Thierry Arcelin, La Fremière", 44360 (02 40 57 35 19).

Toujours passionné, Thierry Arcelin chine et surtout restaure les maquettes de bateaux. Sa boutique est également le refuge d'objets de marine. Aujourd'hui il part à la découverte des îles et vous fait voyager à travers livres rares, hameçons à requin, harpons à phoque...

Vire

"À la recherche du passé", 1 rue du Valherel, 14500 (02 31 68 05 85).

Au milieu de petits objets de brocante, vieux papiers et cartes postales, c'est ici le royaume du beau linge ancien : draps brodés, nappes blanches damassées, serviettes nid d'abeilles chiffrées et housses d'édredons. La propriétaire brode également des coussins et, sur commande, peut réaliser une housse de chaise ou de couette ou encadrer à l'ancienne un petit tableau.

Remerciements

L'auteur remercie vivement
Jean-Michel Barrault, Marie-Sophie Boutin,
Daniel Charles, Alberto Costa, Sylvie David-Rivérieulx,
Marie-Noëlle Dieutegard, Françoise Fromonot,
Louis-René Vian.

Crédits photographiques

© J. Darblay, pp. 4-5, 20-21, 47, 50-51, 52 (h.), 62 (h. et b.), 75 (b.), 85, 86 (h.), 93 (d.), 129 (b.), 132-133, 136-137, 145, 149, 150, 158 (b., g.), 159, 161 (h.) © L'Illustration/Sygma, pp. 10 (d.), 24 (h.), 34 (b.), 69 (b.), 79 (b.), 95 (h.), 96 (b.) © Musée de la Marine/Patrick Dantec, pp. 10 (g. h. et b.), 14 (h. et b.), 18, 22 (h., g. et b., d.), 23 (b. et m.), 27 (h. et b.), 30 (h.), 32 (m.), 33 (h. et b.), 34 (h.), 49 (b.), 61 (m.), 96 (d.), 116 (b.), 119, 122 (h., m.), 126 (b.), 141 (g.), 162 (h.) © ADAGP/Musée de la Marine/Patrick Dantec, p. 69 (g.) © Musée de la Marine (don de M. Édouard Simon-Jazée), p. 126 (m.) © Musée de la Marine, pp.19 (g. et d.), 24 (b.), 30 (b.), 34 (m.), 42 (b.), 76 (h.), 102 (b.), 107 (h., d. et g.), 112 (d.), 125 (h.), 131 (g.) © Musée de la Marine/Arnaud Fux, pp. 22 (h., d. et b., g.), 23 (h., g.), 79 (h.), 87 © C. Dugied, pp. 15, 26, 31, 39, 41 (h.), 68, 84 (b.), 100-101, 113, 115 (h. et b.), 117, 127, 131 (d.), 134, 139, 154 (b.), 155 (b., g. et d.) © J. P. Godeaut, pp. 16 (h.), 38 (h.) © Photothèque Hachette, pp. 16 (b.), 19 (b.), 23 (h., d.), 32 (h.), 38 (h.), 42 (h.), 55 (b.), 56 (d.), 61 (b.), 72 (h.), 89 (b.), 107 (b.), 109 (h.) © J. L. Charmet, pp. 56 (g.), 78, 95 (b.), 80 (h.), 126 (h.) © Y. Duronsoy, pp. 25 (g.), 118, 128, 129 (h., g. et d.), 130, 140 (g.) © Arcelin, p. 28 © Roger-Viollet, pp. 30 (b.), 41 (b.), 46 (b.), 55 (g.), 75 (h.), 80 (b.), 81, 86 (b.), 89 (h.), 109 (b.), 122 (b.), 125 (b.), 131 (b.), 135 (h. et b.), 138 (d. et b.), 141 (b.), 148, 151 (h.), 157 (b.) © Lipnitzki-Viollet, 76 (b.) © D. Chavanat, p. 32 (b.) © M. Broussard, pp. 36-37, 53, 60, 64-65, 146, 147, 151 (b.) et dos de couverture, en haut © J. Dirand, pp. 43, 52 (b.), 94, 156 © G. Trillard, pp. 44-45, 48, 84 (h.), 88, 90-91, 98-99, 157 (h.), 158 (b., d.) et dos de couverture, au milieu © P. Van Robaeys, pp. 46 (h.), 61 (h. d.), 63, 74, 104 (b.), 138 (g.), 144 © J. Denardaud, p. 54 © B. Touillon, pp. 57, 58, 154 (h.), 155 (h.) © E. Bourgeau, p. 59 (h.g.) © J. Verlinde, 82-83, 97 © G. de Laubier, pp. 93 (g.), 140 (h.), 142-143 © C. Février, pp. 102 (h.), 110-111 © J. Laiter, p. 108 (g.), 161 (b.) © N. Milne, p. 112 (d., h. et b.) © J. M. Palisse, pp. 114, 116 (d.), 123, 141 (d.) et photo de couverture © P. Chevalier, pp. 152-153 © N. Millet, p. 160 © C. Sarramon, p. 163 © D. Goudy, pages de garde © I. Terestchenko, p. 106 © E. Chauvin, pp. 11, 29, 104-105, 120-121 © B. Galeron, pp. 8-9, 12, 13, 17, 25 (h., d. et b.), 35, 40, 49 (h.), 59 (b., g.), 59 (d.), 66-67, 70-71, 72 (b.), 73, 77, 92, 103, 107 (d.), 124, 158 (h.), 162 (b.) et dos de couverture, en bas © René Gruau/Sylvie Nissen, http://rene-gruau. com, p. 87 © D. R. pour le tableau figurant sur la photo de couverture et page 114.

Maquette
Amaëlle Genot
Édition
Cécile Aoustin et Valérie Tognali
Imprimé en Italie par Canale, à Turin
Photogravure : PackÉdit, à Paris
Dépôt légal : 1336-avril 2000
ISBN : 2.84277.124.9
34/1286/3-01